中小企業

小寺弘泰 〔著〕 Kodera Hiroyasu

経営支援

原論

Principles of SME
Management Support

一般社団法人 金融財政事情研究会

まえがき

　本書は私にとって、『認定支援機関実務ハンドブック』に続く2冊目の著書となります。『認定支援機関実務ハンドブック』では、借入金返済リスケジュールに向けた経営改善計画策定、各種補助金受給の支援、事業承継計画の支援など多岐にわたる認定支援機関業務の勘所を解説しました。同書は幸いにして好評を得、第3版まで版を重ねることができましたが（第1版2019年、第2版2020年、第3版2021年）、今回、同書の改訂ではなく本書の上梓に至ったのは、コロナ禍等を契機として中小企業の過剰債務が再び取り沙汰されるなか、中小企業の経営支援を担う人々にとって、頻繁に変わる制度のアップデートよりも、中小企業を潰さないための財務コンサルティングの基本的な考え方・行動規範を習得することのほうが必要性・緊急性が高いと思えたからです。

　会社は、経営者・オーナーの夢をかたちにするためにあります。しかし、そのためには従業員、取引先、顧客、金融機関といったステークホルダーの協力が必要であり、そうしたステークホルダーの利害・意向を無視して会社を運営することはできません。特に事業を継続するためには、金融機関と良好な関係を築くことが重要です。ともすれば一方向にだけ向かいがちな経営者・オーナーの行動を掣肘し、ステークホルダーの考え方をよく理解してバランスのとれた会社運営に導いていくことが財務コンサルタントの使命といえるでしょう。本書には、私が銀行員、財務コンサルタントとしての長年の経験から学んだことのエッセンスを詰め込みました。本書が中小企業の経営支援を担う多くの人の目に触れ、その業務に貢献することができれば幸せに思います。

2023年7月

小寺　弘泰

【著者略歴】

小寺　弘泰（こでら　ひろやす）

関西大学卒。1991年大垣共立銀行入行、2000年同行退社。2001年株式会社プロシード設立、2014年税理士法人H&Pをグループ化、2015年社労士法人H&Pをグループ化。株式会社エフアンドエムのアドバイザー、経営革新等支援機関推進協議会（全国で約1,700の会計事務所を組織）のエグゼクティブプロデューサーも務める。信用金庫、地銀、税理士会支部、保険会社での認定支援機関実務に関する講演実績多数。1級ファイナンシャル・プランニング技能士。

目　次

第11章　債務償還年数を極める……………………………111

第14章　財務コンサルティングの心得‥‥‥‥‥‥‥‥‥151

第15章　リスケを極める‥‥‥‥‥‥‥‥‥‥‥‥‥‥‥159

序　章

この本は何を目指して書かれたのか
──自己紹介を兼ねて

地方銀行を辞めた自分ができたこと

　私は岐阜県大垣市出身で、1991年に大垣市に本店を置く、大垣共立銀行に入社しました。10年の勤務を経て退職、その後2001年に財務経理コンサルティングを標榜する株式会社プロシードを設立し、2023年5月で23年目に入りました。

　開業当初、これという国家資格をもつわけでもなく（あるとすれば、本書版元の一般社団法人金融財政事情研究会で運営しているFP技能検定1級くらいでしょうか）、財務経理コンサルティングといっても、簿記の知識や経理の実務や決算に係る会計業務に関してまったくの素人の私が手がけた業務は、会社の資金繰りの安定を図るための融資の組換えや、現状の事業内容と将来の経営計画を説明する資料を作成し、新規の金融機関との融資取引を実現するといったものでした。新規設備投資の資金調達では、金融機関が審査しやすいように、投資回収期間を示す資金計画でノーマルなケースと保守的にみたワーストケースの2つのシナリオを用意するなどの工夫をしました。その結果、金融機関からも好評を得て、顧客である中小企業の資金繰り安定に貢献しました。

　自分が銀行員のときはそれほど意識しなかったのですが、コンサルティング業務のなかで、多くの経営者が資金計画を作成しておらず、金融機関と交渉して建設的な資金調達を実現することが苦手であることがわかってきました。とりわけ創業間もない会社では、経営者は事業活動に奔走していて、経理実務の担当者はいても、資金計画を精緻に作成できる財務担当者がいないことが多く、金融機関に対して事業成長の実現可能性を具体的かつ定量的に説明することができません。中堅クラスの企業であっても、金融機関との取引にうまく対応できる人材が少ないこともみえてきましたので、「財務部長のような仕事を請け負います」といった自己紹介で顧問先を広げました。

　そうしたニーズと当社のビジネスモデルとが噛み合って、順調に顧問先数が増えていきました。事業計画や資金計画等の説明にあたって接触した金融機関からも、こうした伴走者がいると融資判断がしやすいといわれ、逆に金

融機関から数多くの新規の顧問先の紹介を受けました。

　金融機関の立場からいえば、財務内容の開示の必要性や、事業計画・資金計画の作成方法について、企業の経営者や経理担当者にうまく伝えることがむずかしい面があります。金融機関にとって「事業計画書」は融資判断に必要なものなので、当然に実現可能性の高い計画を望みます。金融機関は理想を描いた計画、ポジティブな目標を掲げた計画よりも、ワーストケースを想定したネガティブで保守的な計画を好みます。また、リスクや問題点は明確かつ早く開示してもらったほうが、金融機関は支援がしやすいと思っています。

　たとえば、ある地方銀行から私のもとに「会社がつくった計画があるが強気すぎて、融資審査にはふさわしくなく、困っている。その会社を紹介するので計画作成を支援してほしい」という依頼がありました。このようなケースが多くあるのです。

　ところが、多くの経営者が、お金を借りるならば、売上げも利益も伸ばし続けていく計画を立てないといけないと思っています。早く融資を返済できるように多くの利益を出さないといけないとも思っています。金融機関はそんなことはまったく考えていません。会社が作成した返済計画どおりの返済ができればよく、安定した経営を持続してくれればいいと思っています。金融機関は借入利息が収益源ですから、あわてて返してもらっても嬉しくないのです。

　このような貸し手と借り手のギャップを埋める仕事が私の当初手がけた、コンサルティング業務の主軸でした。

■ エフアンドエム社との出会い

　そうこうしているうちに、2010年4月から、大阪に本社を置く東証スタンダード市場に上場している株式会社エフアンドエムとの業務提携を開始することになりました。

　エフアンドエム社は中小企業と個人事業主の経営支援サービスをメインの

業務とする企業ですが、当時、同社のサービスのなかでも財務コンサルティングの分野をいかに充実させていくかを課題としていました。

　財務コンサルティング事業者のなかには、金融機関から「お金を引っ張ってくる」とか、「資金調達コンサルタント」という表現を使って自分の業務を説明している者がいます。これでは金融機関と対峙する関係になってしまい、金融機関は警戒します。そうではなく、財務内容に係る適切な情報開示と金融機関の視点に立った財務改善の必要性を経営者に理解してもらい、貸し手と借り手が相互に協力し合うことが最適な資金調達への近道なのではないか。

　こうした考えに立って、中小企業の経営にとって重要な、健全な資金調達支援の枠組みを構築したいというのがエフアンドエム社の課題でした。それを具体的にどのように確立していくかを模索されているなかで、志を同じくする当社と意気投合したのが業務提携のきっかけです。当社とエフアンドエム社とが共通して目指したのは、金融機関からもご紹介いただけるコンサルティングモデルでした。

会計事務所支援へ事業転換

　エフアンドエム社との連携が進むなかで、当社が担う業務の中心が会計事務所等向けの財務コンサルティングの研修事業となっていきました。

　金融機関と経営者の間にある意識のギャップについてはすでに触れましたが、実は金融機関と会計事務所の間にも大きな意識のギャップがあることを感じていました。会計事務所の役職員にとって、中小企業金融はわかりにくいのです。たとえば、金融機関が融資判断をする際には、融資先について信用格付というランクづけをして、そのランクに基づいた支援方針を形式的に取り決める仕組みとなっていますが、そのような仕組みをほとんどの会計事務所が知りませんでした。どの金融機関もそうした仕組みで融資審査を行っていることを開示していませんので、仕方がないことだと思います。

　しかし、中小企業の財務を包括的に担っている会計事務所が、金融機関が

活用する信用格付の仕組みを知らないことは、中小企業金融にとってはもったいないことだと感じました。直接的に中小企業の財務コンサルティングに関与するよりも、会計事務所にそのノウハウを提供し、その先にある会計事務所の顧問先の中小企業の財務支援につなげるというフレームのほうが中小企業金融に貢献できると考えました。会計事務所に中小企業金融についての知識を深めてもらい、当社とエフアンドエム社が展開してきた正しい金融機関との付き合い方を中小企業に助言できる伴走者を全国にどんどん増やそうというねらいでした。

　そこで、中小企業金融の特徴と仕組みを解説するとともに、金融機関における融資判断の仕組み、たとえば、どのようにすれば信用格付が向上するのか、さまざまな財務指標が存在するなかで金融機関は何を重視しているのかなどを会計事務所に伝える活動に注力しました。中小企業金融の実務を詳しく説明する研修プログラムには大きな反響があり、そのプログラムに参加する会員が増加、あっという間に全国の500以上の会計事務所が有料の会員制サービスに参加してくれました。

■ 認定支援機関業務でさらに業務を拡充

　そして、2012年8月より経営革新等支援機関（本書では認定支援機関と表記します）の制度がスタートすることとなりました。当社はこの認定制度に大きな関心と期待を寄せ、エフアンドエム社とともに積極的に参画することにしました。制度発足のねらいをみると、地域金融機関と会計事務所等が連携して中小事業者の経営支援を行うということであり、まさにわれわれがすでに行ってきた業務と同じ目的だったからです。

　制度が始まると同時に認定支援機関の実務を数多くこなし、その実務経験、ノウハウを他の会計事務所等に広げていく。この取組みの基盤が、当社とエフアンドエム社が一緒になって立ち上げた経営革新等支援機関推進協議会です。そして、その実務経験で得た知見を集積したのが小職の前著である「認定支援機関実務ハンドブック」です。

認定支援機関の業務は金融に関する業務だけでなく、補助金の活用支援や優遇税制の活用支援の業務まで多岐にわたります。

　コロナ禍のなかで創設された事業再構築補助金も認定支援機関の関与が必要な補助金です。事業再構築補助金の利用促進に伴い、経営革新等支援機関推進協議会に参加する会計事務所等も急増し、現在1,700を超える会員数となりました。もはや会計事務所にとって、認定支援機関業務は他の会計事務所との差別化というよりも、顧問先の喪失につながる可能性があるので、対応せざるをえない業務という認識が高まっています。

本書のねらい

　さて、以上のようなキャリアをたどってきた私がこのたび、「中小企業経営支援原論」というタイトルで本書を刊行しようと思った理由は3つあります。

(1)　アフターコロナで要求される会計事務所の金融リテラシーの底上げ

　全国の会計事務所の皆さんに中小企業金融の実務について解説するなかで、本当に多くの方から、こうした研修の内容が体系的に整理された書籍はないかという問合せを受けました。しかし、金融機関職員向けの専門書はあっても、中小企業金融の特性を一（イチ）からわかりやすく、かつ金融機関の内部事情にまで踏み込んで解説した書籍は見当たらないようです。

　コロナ禍で展開されたゼロゼロ融資に始まる特例的な緊急融資は、ひとまず深刻な影響を受けた中小企業の財務を救済しました。ただ、アフターコロナと呼ばれる環境のなかで、追加の支援措置がほぼなくなってきています。いよいよゼロゼロ融資の元本返済や金利の支払が始まり、返済を滞る事業者が増えています。今後、中小企業の再生支援の現場で必要となる経営改善計画の策定や、財務状況に則した金融支援策選択と実行支援といったサポートがますます求められるようになるでしょう。

特に中小企業を主要顧客としている地域金融機関にそうした伴走支援が求められていることは当然なのですが、地域金融機関も数多くの改善支援案件をさばくためのリソースが不足しています。そこで期待されるのが、顧問先の決算整理作業を担い、さらには認定支援機関として登録している会計事務所の活躍です。ところが、前述のように多くの会計事務所は中小企業金融の特性を理解していないため、いきなり専門的な金融支援の実務に入り込めといわれてもむずかしい場合が多いのです。

　これまで以上に会計事務所が再生支援に伴走する機会が増えるのに、その機会が活かせないと嘆く声も多く聞こえてきます。そこで、基礎知識から始めて中小企業金融の特性を体系的に理解し、躊躇なく実践の現場に参画できるだけのリテラシーを身につけるための書籍が必要だと考えました。

　本書が、会計事務所に入りたての職員から、バンクミーティングで鮮やかに経営改善計画の説明をこなすプロの財務コンサルタントまでが手にとる書籍になれば本望です。　また、金融機関と会計事務所との連携が必要となる金融支援策も多いので、この書籍は会計事務所のみならず金融機関の若手職員にも中小企業金融入門書として活用していただけると思います。

⑵　会計事務所や金融機関の職員が経営者に対して自信をもってコンサルティングを展開できるようになるための知見を提供

　本書のタイトル「中小企業経営支援原論」から、経営コンサルタントの教本というイメージが沸くかもしれません。経営コンサルタントには違いないのですが、大事なことは、経営者がなぜコンサルタントを利用するのかを理解し、自分が提供するコンサルティングがそのニーズに対応しているかを客観的に分析することです。

　簡単にいえば、経営者はコンサルタントに対し、経営者自身が知らないこと、気づかないこと、できないことを補完することを求めているといえるでしょう。

　私自身、プロシードというコンサルティング会社の経営者ですが、飲食業や建設業の経営はしたことがないし、できないと思います。私にできるの

は、経営者から「財務」に関する専門家としてなんでも相談してくれる存在となることです。会社と経営者個人を区別することなく、「お金」に関することは何でもまずは私に相談してくださいといえる信頼関係の構築が目指すところです。

したがって、本書は中小企業経営全体のなかで、特に財務的な事柄に焦点を絞っています。財務の視点から客観的な立場で経営を支援する際の基本的な考え方をまとめて書籍にしたいと考えました。

これまで20年超、中小企業金融に係るコンサルタントとしての経験を振り返ると、コンサルティングには哲学が必要だと感じます。ポリシーといってもいいと思います。私は経営者に対して、次のような言葉で自分が行うコンサルティングの考え方を伝えます。

「私は自分で御社の事業を営んでいないので、御社の経営や事業のことはわかりません。でも、中小企業の財務のプロとして、金融機関から安定した資金調達を行うにはどうすればよいかについてはわかります。金融機関から融資を受けられるということは、会社が潰れないですむことを意味します。金融機関が重要と考える財務とは何かを理解することで融資が受けやすくなる、すなわち、潰れにくい会社になります。私は成長を支援するというより、絶対に会社を潰さないという目線でコンサルティングを手がけていくので、資金不足になることを避けるために事業展開や投資のスピードを抑制するような厳しい助言をすることもあります」。

財務コンサルタントは時には経営者が望む投資や経営方針について、財務面への影響という視点から反対することもあります。車の運転でいうと、アクセルとハンドルを操作するのは経営者、燃料の補給とスピードオーバーの際にブレーキをかける役割が財務コンサルタントになります。その結果、経営者と気まずい関係になることも少なくありません。しかし、経営者が財務コンサルタントの存在は経営に必要だと認めてくれれば、苦言を呈しても経営者は聞く耳をもってくれるはずです。

そして、コンサルティングの際には、どのような切り口で会社の財務を分析し、経営者が納得できるように伝えるのかがコンサルタントの腕の見せ所

です。金融機関の渉外担当者、会計事務所の税務監査担当者も、経営者と直接接することが多いでしょう。その際、経営者に必要な存在と思われたい、なんでも相談してもらえる関係を構築したいと思うのだが、経営者の心をつかんで、そのような深い関係になることがなかなかできないという声を耳にします。財務分析をして説明しても、経営者の心に響いたのかどうか、有効なアドバイスになっているかどうかがわからないという声もあります。

そこで、本書では、私が研修を通じて提供してきた、財務コンサルティングのノウハウをまとめてみたいと思います。経営に関する重要な数値を用いてわかりやすく説明し、経営者になるほどと理解させて、それを経営戦略や事業活動の見直しに役立ててもらう。この繰り返しで会社の業績が向上、改善すると、当然に経営者からの信頼は強まります。

(3) 多様なケーススタディの共有

「○○を極める」というタイトルがつけられた章では、私自身が携わってきた実際の案件を通じてかなり実務的なノウハウを提供しています。これまで20年にわたり中小企業の財務コンサルティングを手がけ、途中からはそのノウハウを全国の会計事務所に提供していますが、会計事務所向けの研修では、成長支援、再生支援でどのようなコンサルティングを実践したのかを伝えるべく、できる限りリアルな事例を紹介してきました。やはりリアルな事例研究は本当に勉強になる（活用につながる）という声を多くいただいています。

本書には、こうした事例のなかから特に新しいものを選択して収録しました。最近、経営者保証解除の適正なプロセスに注目が集まり、事業承継支援では組織再編や自社株対策において新しい支援策（ストラクチャー）が目立ってきています。本書ではそれらも紹介しています。

本書は、私自身がおおよそ30年にわたり従事してきた仕事の集大成を目指した書籍でもあります。ご一読いただけたら幸いです。

第 1 章

コロナ禍が
中小企業金融にもたらしたもの

■ 借りるだけ借りたが……

　コロナ禍をきっかけに、わが国の企業向け「総貸出残高」は、コロナ禍前の2019年12月末の646兆円に対し、2020年6月末には683兆円へと大きく増えました。残高はわずか半年で40兆円近くふくらんだことになります。コロナ関連融資がちょうどそれと同じ規模の40兆円ほどでした。その後も総貸出残高の増加は続き、**2022年6月には712兆円**にのぼりました。コロナ禍前には減少を続けてきた融資残高が、コロナ禍発生後の2年半で約10%、金額にして66兆円も拡大したのです。

　民間シンクタンクである第一生命経済研究所は、債務残高の対名目GDP（国内総生産）比の推移に鑑みてコロナ禍が与えた債務増加のインパクトを「過剰債務」とみなし、上振れ部分の金額を47兆円と推計しました。一方、日本銀行調査統計局によれば、民間の事業法人（非金融部門）が保有する2022年12月の現預金残高は321兆円となっており、前年比15.7%増加、実額では43.4兆円の増加となっています。過剰債務とほぼ同じ額だけ預金残高が増えています。先のみえない将来に備えて「念のために手元資金を厚くしよう」と思って借りたコロナ融資の資金が滞留している状況がみてとれます。

　以前から、大企業の内部留保が投資に向かわない、つまり、預金の滞留（カネ余り）が問題視されていましたが、このコロナ禍では中小企業も預金残高を増やしました。コロナ禍や国際情勢の影響が軽微だった業種では、手元の現金・預金が潤沢で、多額の利益剰余金（内部留保）を積み上げたままの企業が多いのです。

　しかし、コロナ禍の影響を大きく受けた飲食業や観光業では、コロナ関連融資で得た資金は赤字補填資金として流出したはずです。また、ゼロゼロ融資の元本返済の据置期間の終了等もあり、両業種は厳しい資金繰り状況にあります。2021年からはロシアのウクライナ侵略、円安から企業の輸入コスト負担は加速度的に増加しました。仕入価格の上昇で利益が急減した企業も、コロナ関連融資を日々の仕入代金支払などに回さざるをえなくなりました。

支援策終了により、二極化する融資方針

　緊急対策的に官民あわせて過剰と思われるほどの資金が投入され、これ以上の追加資金を投入するような公的支援策は準備されていません。金融機関においては、生き残れる企業（業種）への積極支援方針を明確にする一方、「ここまで大規模に資金投入してダメならあきらめるしかない」と窮境に陥った企業については再生支援方針に切り替えるという中小企業金融における明確な線引きが行われることになります。コロナ禍が中小企業金融にもたらしたものは、業種や企業ごとの支援方針の明確化といえるでしょう。

　具体的にいえば、コロナ禍のような消費者の行動変容を生じさせる事象、為替の変動に影響を受けやすい業種には金融機関は融資をしにくくなるでしょう。現に金融機関は飲食業のなかでも居酒屋のようなお酒を提供する業態への融資には消極的になっています。また、海外に生産拠点を置くアパレル製造卸業などについても融資判断が厳しくなり、コロナが終息したとしても、その基準を簡単に変えることはないと思うと、金融機関の融資審査部署は口をそろえます。

　金融機関としては、これから伸びるとみられる業種、または、パンデミックなどの影響を受けにくいビジネスモデルへの融資を積極化しつつ、パンデミックの影響を受けやすい業種に属する企業については選別的に対応する。すなわち、仮に影響を受けやすい業種であったとしても、それに財務が耐えうる水準にある企業、つまり財務内容に余裕がある企業を優先するかたちで融資を伸ばしていく方針がより明確になると思われます。

事業計画書より資金繰り計画書

　コロナ禍が中小企業金融にもたらした、もう１つの変化として、資金繰りの重視をあげることができます。

　これまで企業が融資で資金調達する際には、金融機関がその返済の確実性を検証するため、「事業計画書」の提出を求められることがありました。計

画の期間は3年から5年が大半でした。しかし、このコロナ禍で中小企業が急速な業績悪化、キャッシュフローの赤字転落に見舞われる事態を目の当たりにして中小企業がいかに事業環境の変化の影響を受けやすいかを痛感し、3年先の計画などあてにならない、それよりも3カ月から半年後の確実な収支計画を元にした資金繰り計画が最も重要だという考えに変わってきています。

その次に、進行期の決算がどのような着地になりそうか。傷んだ財務がどの程度回復に向かうのか。期待を含めた展望というより、確実な根拠をもった計画がみたいという認識に変わってきています。

アフターコロナでは事業者も思考転換が必要
——2つの思考転換

上述したアフターコロナにおける中小企業金融の変化に対応するために、中小企業の側では自社の財務状況の適切な把握と、より精緻な資金繰り計画の作成が重要視されていきます。資金繰りに問題がある場合に、どのように金融機関に融資を申し出るべきかについても、新しい考え方が生じてきています。中小企業金融に関する思考転換が必要となります。

必要な思考転換は次の2つです。
① 「資金繰り」に対する認識を改める
② 「資金調達」について認識を改める

「資金繰り」に対する認識を改める
——手元流動性比率の重視

まず、1つ目の「資金繰り」に対する認識を改めるという思考転換について解説します。

そもそも「資金繰り」とはどういうことなのかを考え直してみたいと思います。主語と述語の対応関係として、「資金繰りが」で文章が始まれば、「回

る」「回らない」という言葉が続くのが通常です。それでは、「資金繰りが回る」ということは具体的にどういうことなのでしょうか。

　金融機関では、「資金繰りが回っている」かどうかを測る尺度として「手元流動性比率」という指標が用いられます。手元流動性とは、現金、預金など換金性の高い資産がどのくらいあるのかを表しています。その手元流動性残高を月商で割ると、「手元流動性比率」が求められます。

　　手元流動性比率＝手元流動性残高÷月商

　　月商＝年間の売上高÷12

　手元流動性比率は「○カ月」という単位で表されます。この指標が2カ月分以上あれば問題ない＝資金繰りが回っているとされます。

　短期の安全性を図るための指標としては、ほかにも流動比率や当座比率がありますが、最も重要なのが手元流動性比率です。手元流動性比率→当座比率→流動比率の順序で、重要視されています。

　当座比率や流動比率の分子には売掛債権も含まれていますが（ちなみに、分母は買入債務等の短期負債です）、いくら売掛金がたくさんあっても会社の資金繰り改善にはつながりません。売掛金残高や棚卸資産残高が増加する場合、キャッシュフローはマイナスとなります。その際、手元流動性比率が悪化することが多く、同比率は回収遅延や資産の不良化が進んでいる可能性を示す指標でもあります。

　手元流動性比率は、特に金融機関の融資判断に大きな影響を与えます。後述する企業の信用格付（第12章）のアップダウンを左右するコンピュータ解析アルゴリズムにおいて、重要な財務指標とされているからです。

　したがって、中小企業の側としては、自社の資金繰りが維持できるかを、この手元流動性比率を基準にして測る必要があります。具体的には、手元流動性比率2カ月分以上の預金残高をキープできるかを基準にして資金繰りの良し悪しを判断するようにしましょう。

経常運転資金は短期借入れの更新で手当するのが望ましい

　これまでは、中小企業の財務についてこうした明確な基準が示されていませんでした。手元流動性比率がそれほど重要な指標として着目されているとは思っていなかった事業者や会計事務所職員の方も多いのではないでしょうか。資金繰りに関連して、もう１つ追加で考えてもらいたいことがあります。

　それはわが国の中小企業金融の最大の特徴といえる点なのですが、多くの企業で毎月の借入金の返済負担額が異常に大きいという点です。これが中小企業の資金繰りが苦しくなる大きな要因になっています。しかし、その状態に気づいていない、これを問題視していない事業者が多いのです。

　なぜ異常なまでに返済負担が大きいかというと、企業の運転資金の調達形態がミスマッチとなっているからです。事業を継続（成長）させていくうえで、売上代金回収と仕入支払のサイクルのズレから発生する経常（正常）運転資金という性質の資金が必要となります。中小企業はこれを自己資本（資金）でまかなえないことが通常なので、その不足分を融資で調達しています。この資金不足は経常的に発生するので、本来返済しなくてもよいように短期借入れを更新・継続するかたちで調達するのが望ましいといえます。ところが、日本では正常運転資金を分割返済約定付きの長期借入れ（５年から７年の証書貸付）でまかなうことが多いのです。

　返済のない短期借入れを続けていれば資金繰りに問題は生じませんが、長期融資で約定弁済が必要だと当然に資金が不足していきます。その際はまた追加融資を受けて不足を補います。それを繰り返しているのが日本の中小企業金融の特徴です。

　黒字経営の企業でも年間の営業キャッシュフローをはるかに上回る額の借入返済をしているのが実情です。返済のための借入れを繰り返すことで、長期借入金の契約本数が増え、どんどん返済負担がふくらんで、資金繰りがとにかく忙しい。そんな事業者が多いのがわが国の中小企業金融の特徴なので

す。

　経営者は自社の業績が問題なく推移していても、資金繰りに問題があることが多いという点にぜひ気づいてください。毎月の返済負担が大きければ、半年後、手元流動性比率が２カ月分以上あるかを再確認してみましょう。新たに借入れをしない場合、思っているよりも早く預金が減ることに気づく方も多いのではないでしょうか。ゼロゼロ融資が返済開始となった現在、なおさらそういったケースが増えていると思います。

■「資金調達」について認識を改める──依頼から共有へ

　これまでは資金不足になりそうな場合、金融機関に融資の申込み（依頼）をして、審査の結果を待つというスタイルだったかと思います。これからはこのイメージをリセットしていただきたいと思います。

　アフターコロナにおいて、金融行政は金融機関、特に地域金融機関に対し、中小企業の資金繰りにまで踏み込んだ伴走型の支援を要請しています（本章末の参考資料参照）。これを受けて金融機関としては、資金不足となる企業を前にして、企業の状況に応じた選別をすることになります。これまで以上に積極的に融資をして経営を持続させる＝救う、追加融資が限界にきているのでここからは返済をやめる＝いわゆるリスケを行って不良債権の区分としても致し方ないという方針を決める……といった具合です。

　そこで、中小企業の側としては、資金繰りの状況を早めに金融機関に伝えてみることが有効となります。「いくら貸してほしい」という依頼ではなく、「このままだとこんな資金繰りになる」という情報を率直に伝える。融資残高の多いメインバンクを中心に、資金繰り計画を金融機関と共有してしまうのです。これが、これまでの金融機関からお金を借りる際の考え方と大きく違う点です。

　資金繰り計画を共有された金融機関は、それを無視はできません。資金不足に対応するための金融支援の検討を始めるでしょう。コロナ関連融資の受け皿として信用保証協会のコロナ借換保証（前伴走型特別保証）という制度

融資が創設され、中小企業の資金繰り改善に利用されています。金融機関の側では知恵をしぼり、セーフティネット保証の枠や一般保証の枠がまだ活用できるかも検討して資金繰り支援を試みてくれるはずです。あるいは、残念ながら追加融資はできないので、返済負担の軽減のみならできるという回答もあるでしょう。

　資金繰りの状況を早めに金融機関に伝えることが有効と記しましたが、具体的には最低でも資金不足に陥る3カ月前には共有する必要があります。できれば6カ月前が望ましいと思います。

　仮に金融機関からこれ以上追加融資ができないという回答がきた場合は、返済をやめること、つまり、リスケを選択せざるをえません。リスケのデメリットは期間中に追加で融資が受けられないことです。したがって、ある程度、資金を蓄えたうえでリスケに入ることが重要です。金融機関への返済をやめても、運転資金が回らない状態、従業員や仕入先への支払が滞ってしまう状態に陥ってはなりません。それを避けるために、運転資金2カ月分以上の預金を残してリスケに入るというのが正しい考え方であり、これについては金融機関も納得してくれます。

　金融機関の側においても、取引先に早く資金不足の見込みを教えてもらいたい、リスケをするなら早めのほうがよいという考え方が浸透しています。運転資金2カ月分とはいわず、コロナ関連融資で調達資金が潤沢にあるうちにリスケするのもよい手段だと考える金融機関も少なくありません。これも、コロナ禍の前にはあまりなかった考え方といえるでしょう。

令和5年3月7日

各業界団体等代表者　殿

内閣総理大臣　岸田　　文雄

財務大臣兼金融担当大臣　鈴木　　俊一

厚生労働大臣　加藤　　勝信

農林水産大臣　野村　　哲郎

経済産業大臣　西村　　康稔

年度末における事業者に対する金融の円滑化等について

記

1．新型コロナウイルス感染症の影響や世界的な物価高騰等への対応等様々な課題に直面する中、足下の経営環境の変化、資金需要の高まる年度末を迎えることを踏まえ、改めて、中小企業や小規模・零細企業、中小企業組合はもとより、中堅・大企業等も含めた事業者の業況を積極的に把握し、資金繰り相談に丁寧に対応するなど、事業者のニーズに応じたきめ細かな支援を引き続き徹底すること。加えて、観光分野も含めて、飲食業・宿泊業の事業者は、新型コロナウイルス感染症の影響を特に受けてきており、そうした中で実質無利子・無担保融資等の元金返済の開始に直面されている中において、例えば、政府系金融機関に設置された経営相談窓口を活用する等、官民の金融機関等において、より一層のきめ細かな資金繰り支援を徹底すること。

2．貸付条件の変更等の実行率は極めて高い水準で推移しているものの、事業者からの返済期間・据置期間延長の事前の相談において、すでに元金返済を開始している事業者や2度目、3度目の条件変更の相談の事業者も含め、申込みを断念させるような対応を取らないことは勿論のこと、返済期間・据置期間の長期の延長等を積極的に提案するなど、既往債務の条件変更や借換え等について、事業者の実情に応じた迅速かつ柔軟な対応を継続すること。その際、事業者の年間返済額の軽減を図る観点から、実質無利子・無担保融資（民間ゼロゼロ融資）からの借換えに加え、既往の信用保証協会付き融資からの借換えや、事業再構築等の前向き投資に必要な新たな資金需要にも対応する新たな借換保証制度（コロナ借換保証）の活用を積極的に提案し、伴走支援に努めるなど、事業者に寄り添った対応を徹底すること。

3．民間金融機関が事業者の資金繰り支援に当たって条件変更や借換え、新規融資を行う場合の債権の区分に関しては、貸出条件緩和債権の判定における実現可能性の高い抜本的な経営再建計画等の柔軟な取扱い1を含め、引き続き金融機関の判断を尊重することとしていることを踏まえ、事業者に寄り添った資金繰り支援に努めること。

第 **2** 章

アフターコロナにおける
財務コンサルティング手法の変化

会社の「潰れにくさ」を示す財務指標

　本章では、これまで当社やエフアンドエム社が提供してきた財務コンサルティングについて、今後どのように、その提供手法や考え方を変えていくべきかを整理してみたいと思います。

　アフターコロナの時代では、コロナのような外部要因の悪影響があっても会社として生き残るために、これまで以上に財務力の向上が重要視されます。財務力の向上とは具体的に何かといえば、会社の潰れにくさを示す財務指標を改善することです。

　したがって、財務コンサルタントとしては、潰れにくさを示す財務の健全性や安全性に係る指標が何かを理解し、それらがどうなっているかを決算書に基づいて事業者に明確に示し、改善点と改善方法を助言することが求められます。簡単にいってしまうと、「潰れにくい」会社になるためには何の指標をどのくらいの数値に高めればいいか、そのためにはどうすればいいかを明確に示すことです。

　それでは、潰れにくい会社は潰れやすい会社と何が違うのでしょうか。答えを先に述べると、

① 自己資本の厚み

② 営業キャッシュフローがプラスかどうか

③ 債務が過大でないか

という3つの視点から「会社が潰れにくいか、潰れやすいか」の判断ができます。以下、それぞれについて詳述します。また、アフターコロナにおいては数値の目線が変化していますので、それも含めて解説します。

自己資本の厚み──債務超過であるかどうか

　債務超過の会社は債権回収の可能性が低いので、金融機関としては原則として融資はできないということになります。つまり、債務超過の会社は資金調達ができない潰れやすい会社ということになります。逆に自己資本が厚い

（純資産額が大きい）会社は潰れにくいといえます。

　この自己資本の厚みは金額で判断するのではなく、多くの金融機関が自己資本比率を用いて判断します。多くの金融機関は、自己資本比率10％（または15％）以上ならば良好という認識をもっています（図表2－1）。

　とはいえ、アフターコロナにおいては、この厳しい環境を債務超過にならずにひとまず凌いだという目線もあり、金融機関の判断基準は、一方的に高い自己資本比率を期待するより、債務超過でなければひとまずよいくらいにレベルダウンしているというのが現場の肌感覚です。また、債務超過となったからといって、金融機関はすぐさま潰れやすい会社とみなし、見放してしまうわけではありません。コロナ禍という一過性の事象から立ち直る兆し（足元の業績回復）があり、債務超過の解消のメドが立つ場合、金融機関は潰れやすいとはいえない会社とみなし、当該会社は資金調達が可能となりえます。

　具体的には、アフターコロナにおいて債務超過に陥った場合、3年内で債務超過の解消が見込めるならば、現在債務超過であっても、すぐさま問題ありとはしないという目線の金融機関が多いようです。財務コンサルタントとしては、財務が傷んで資金調達に不安を感じている事業者がクライアントであった場合、債務超過の解消を目標にして、期間も3年で解消しましょうと経営者を含め会社関係者を鼓舞し、その目標を経営改善計画に落とし込み、

図表2－1

自己資本比率からみる会社の潰れにくさ
潰れにくい　↑　　　15％
資産超過
債務超過
3年程度で解消が可能
5年程度で解消が可能
潰れやすい　↓　　10年程度で解消が可能

出所：著者作成

しっかりと伴走することが求められます。

TOPICS　　経営者の姿勢と金融機関の取組方針

　最大手のメガバンクの支店長から聞いた話を紹介します。「コロナ禍のなかで財務が傷んで債務超過となってしまった会社でも、経営者がこの苦境を絶対乗り切るんだという姿勢をみせてくれている場合、金融機関としては手を貸さないわけはない」。

　この金融機関では、「金融機関は昔から、「天気のよい日に傘を差しのべ、雨が降ったときには傘を貸さない」といわれてきた。いま、傘を貸さなくてどうする！　公的融資だけに依存せず、リスクをとった融資も積極的にせよ！」という号令が経営陣から下されたそうです。

　「一方で、コロナ禍が起きてから3年を経過するいまになっても業績回復の兆しがなく、債務超過かつ赤字でありながら、経営者が趣味のゴルフに興じたり、乗っている車が新車の高級車にかわったりしている場合は、救わない。なぜなら、金融機関の支援だけで会社を立て直すことには限界があるからだ。取引先に資金繰り支援をお願いするケースもありうる。その際に、上記のような経営者が取引先に「支払を少しまってください」とお願いに行っても、受け入れられないだろう。取引先からの支援を受けられない会社については、金融機関としても支援ができない」という考え方だとのことでした。

　財務コンサルタントとしては、経営改善計画の策定を支援するだけでなく、経営改善に取り組む経営者の姿勢も金融支援につながる重要な項目なので、経営者の態度に甘さを感じるときは、苦言を述べることも大切だといえます。

業績悪化時の純資産評価は厳しい目線に

　事業者が債務超過かどうかは基本的に決算時点の貸借対照表で判定しますが、金融機関の見方は一定ではなく、業績のよいときはある程度、大目にみてくれる一方、業績が悪化したときには目線が厳しくなることを認識しておきましょう。業績が悪いときに厳しい目線になるのは、業績が悪い会社に対しては債権者としての善管注意義務違反を問われる可能性がより高くなるからだと思われます。

　具体的には、純資産（自己資本）額を簿価で判定するのではなく、実態的な評価を求められる場合が生じてきます。一般的に、事業に不要な高額な不動産や回収不能が明確な売掛金、業界水準に照らして正常とはいえない水準の過大な在庫額が計上されている場合に、それらの資産額は適正な価値（水準）まで引き下げられます。

　財務コンサルタントであれば、決算ではまだ資産超過で問題はないと短絡的に判断するのではなく、決算書に計上された資産の実在性や評価に問題を感じたときには実態把握に努めるべきです。事業者に対して「決算書では資産超過となっていますが、金融機関の目線では○○の科目の資産性が問題とされる可能性もあるので、その実態を教えてください」と依頼しましょう。仮に実態評価による補正で債務超過となる場合は、経営者に対してその問題を明示し、「実態債務超過を解消することで今後の金融取引もやりやすくなります。経営改善計画を策定して金融機関にも協力を仰ぎましょう」と提案することも必要になります。

　ちなみに、第13章で述べる「経営者保証解除」では、実態債務超過かどうかが保証解除の要件の１つとなっています。金融機関ごとに実態査定のレベルは異なるので、金融機関側の実態評価と事業者側の評価との目線あわせを行う業務のニーズも今後大きくなっていくとみられます。経営者保証解除に向けて、どのような財務改善が必要かを示し、経営改善計画の策定を支援するという財務コンサルティングのニーズが本格化してくるものと考えます。

営業キャッシュフローがプラスかどうか
──キャッシュフローがプラスであれば会社は潰れない？

中小企業金融におけるキャッシュフローとは、営業キャッシュフローを指します。決算書（損益計算書）からキャッシュフローを算定する原則的な計算式は、

経常利益＋減価償却費－法人税等±一過性の損益

とされています。

金融機関からすると、決算は黒字着地に越したことはありませんが、実は赤字決算でも、減価償却費を加算したキャッシュフローがプラスであれば、まずは問題ないといえます。コロナ禍で業績が悪化した企業も、まずはキャッシュフローがプラスになるまで回復できればよいと判断されます。キャッシュフローがプラスであれば潰れない、仮に借金があっても、何千年かかるかわからないが、いつかは返せるのであれば、金融機関は見捨てないという考え方も実はあるのです。

中小企業の利益の正しいとらえ方

最近はみなくなりましたが、中小企業においてはかつて、赤字を回避すべく減価償却額を調整したり、赤字幅を少なくするために費用性の支出を仮払金や前払金などの資産勘定に振り替えたりして、見せかけの利益を取り繕うような行為がみられました。これらは金融機関からすれば簡単に見抜くことができる行為であり、見抜けない場合でも不審な財務数値の変容ということで注視することになります。

会社、当該会社を担当する会計事務所の信用にもかかわるので、意味のない不適切な会計処理で黒字化を取り繕うのは避けるべきです。

中小企業の「キャッシュフロー」の算定では、前述のように「経常利益＋減価償却費－法人税等」の計算式を用いますが、ここで「経常利益」を用いるのは、キャッシュフロー算定の目的が借入金の返済原資の算定にあり、そ

こで用いる「利益」としては、利払い等を控除しつつ一過性の損益を除いた経常的に見込める収益をつかみたいからです。

　さて、コロナ禍において、この経常利益の考え方に問題が生じたことがあります。それは助成金の問題です。追加的な設備投資を補填する補助金と違い、助成金は経常的な費用を補填する類型が多く、助成金を受け取った中小企業の側ではそれを経常収益に含めることも可能です。助成金のなかでも、「雇用調整助成金」「家賃保証助成金」等は金額が大きく、経常利益に与える影響も大きくなります。

　会計処理においては助成金を「雑収入」として「特別損益」に計上するか、営業外損益に計上するか意見が分かれるようです。中小企業を支援する財務コンサルタントの立場からすれば、経常的な費用を補填する雇用調整助成金は営業外収益として、経常利益を大きくみせたい（黒字化も可能）ところです。しかし、この雇用調整助成金は一過性の損益なので、キャッシュフロー算定においては補正減額する金融機関もありました。となると、キャッシュフローがマイナスになる可能性も生じます。

　この結果、ある金融機関は当該会社を黒字経営とみて新規融資に前向きに応じますが、　別の金融機関はキャッシュフローがマイナスなので融資には消極的となったというケースがありました。このようにキャッシュフロー認識が分かれることもありますので資金調達時には複数の金融機関に打診してみることも有効です。

■ 債務が過大でないか——債務償還年数の重要性

　新聞などで、ある企業が過剰債務のため資金繰り破綻したというコメントをみることがあります。会社が潰れやすいかどうかの判断において債務（借入金）が過大であるかどうかも重要な要素となります。ただ、借入金の額が過大なのかどうかは、その金額の大きさによって判断されるわけではありません。中小企業金融においては、借入金の金額自体ではなく、借入金が会社の返済能力に対してどの程度大きいかを測ることで、会社が潰れやすいかど

うかを見極めているのです。

　この尺度を「債務償還年数」といいます。中小企業金融に詳しくない方には耳慣れない言葉かもしれませんが、「債務償還年数」は中小企業金融の世界において、とても重要な尺度です。しかも、この算式には金融機関ごとに異なる考え方があり、そこをしっかりと金融機関と協議できる知見を獲得することで、財務コンサルタントとしての能力を向上できると考えています（詳細は「第11章　債務償還年数を極める」をご覧ください）。

　「債務償還年数」とは、わかりやすくいうと、事業者の借金がキャッシュフローの何年分に相当するのかを示す指標です。従来、中小企業ならば10年分までは問題がないというのが一般的な金融機関の認識でした（次式参照）。これがアフターコロナでは、キャッシュフローの15〜20年分までは問題はないとする金融機関が増えました。コロナ前に創設された、経営者保証解除を目的とした特別保証の要件としての債務償還年数も、コロナ以後には10年から15年へ緩和されました。

$$\frac{借入金総額}{返済原資（経常利益＋減価償却費－法人税等±一過性の損益）}<10$$

（注）　この計算式には多様な種類があります。金融機関ごとに異なる計算式を用いていますので第11章を参照ください。

　この債務償還年数の計算式はみてのとおり、前述した「キャッシュフロー」の計算式と密接に関係しています。経営改善計画が必要な場合、目標とする債務償還年数に向けてキャッシュフローをどれだけ高めればよいのかを明示することができます。

【事例】

・借入金総額1億円

・債務償還年数10年未満を目標とする

$$\frac{1億円}{必要なキャッシュフロー}<10年$$

　この不等式を変形すると、年間のキャッシュフローを1,000万円以上にすればよいということがわかります。アフターコロナでは債務償還年数が15年

未満に緩和されていることを考えると、666.6万円以上のキャッシュフローを稼ぎ出すことが健全な財務として最低の目標となります。このように目標とする債務償還年数が決まれば、キャッシュフローにおいてもかなり具体的な目標設定ができます。

コロナ前から存在する「実抜計画」「合実計画」の考え方

　コロナ前から中小企業金融の世界では、融資が不良債権かどうかを形式的に判断するために、債務者が、

① 債務超過でない
② 債務償還年数が10年未満

という2つの条件を満たせば、当該債務者を正常先とみなすという考え方が存在していました。

　また、債務者の財務が悪化して①②を満たさない状況になっても、次のような条件を満たす経営改善計画を策定できれば正常先とみなすという考え方が、リーマンショック時に制定された金融円滑化法のもと、現在まで金融機関共通のルールとして存在しています。

・5年以内に①②の両方が達成できる計画が策定できれば正常先としてみなす（この計画を「実現性の高い抜本的な経営再建計画」、略して「実抜計画」と呼びます）。
・5年で計画達成が無理な場合は、10年以内に①②両方を達成する計画を策定できれば正常先とみなす（この計画を「合理的かつ実現可能性の高い経営改善計画」、略して「合実計画」と呼びます）。

　この計画策定ができれば、計画が認められた時点から正常先として認めてもよいというルールになっています。中小企業の再生支援の現場において、債務者区分の判断を緩和し、融資をしやすい状況をつくる目的でこのルールが運用されています。

　「債務超過」「債務償還年数」という2つの指標が現在でも金融機関が認め

る経営改善計画のゴールに掲げられる点からも、これらの指標が財務コンサルティングの中枢にある、欠かすことのできない財務指標であることが理解できるでしょう。

　会社が債務超過に落ち込んだら、財務コンサルタントとしては経営者に対して経営改善計画の必要性を提言し、具体的かつ明確な数値目標を掲げ、その実現に向けて伴走していくことが求められます。その基準はアフターコロナにおいて従来より緩和されたものの、計画そのものの必要性はより高まってきたともいえるでしょう。

第 3 章

会社を潰さないための
財務視点の経営哲学

たかが言葉、されど言葉

　財務コンサルタントの仕事の基本は、「数値」を専門的に分析・活用し、「潰れにくい会社づくり」に貢献することです。とはいえ、潰れにくい会社が一朝一夕でできるものではありません。創業時からお付き合いしている会社では特にいえることですが、経営者として必要な「財務を強くするため」の考え方、求められる行動規範など、いわば「財務視点の経営哲学」という視点で経営者に助言することがとても有効です。

　自分自身の財務コンサルタントとしての20年間を振り返ると、経営者は自分を否定されるより、褒められたいと思っています。また、われわれのように数多くの経営者をみている立場の者には、自分や自分の会社が相対的にどの位置にあるのか（立派なのか、まだまだ未熟なのか）を知らせてもらいたがります。

　そこで、本章では、私がよく口にしてきた「財務視点の経営哲学」を紹介します。「経営者であれば、これができて一人前。できていないうちはまだまだですよ」という趣旨なのですが、経営者に対して苦言とはならず、明確でわかりやすく、経営者がなるほどと思ってそれに従って努力してくれれば、気づけば潰れにくい会社が自然にできあがっているという筆者発案の蔵出しトークです。

4つの1,000

　創業ステージや、今後さらに成長させていくステージにある会社においては、「4つの1,000」という話をします。この1,000には単位があって、単位は「万円」です。すなわち、「4つの1,000万円」ということになります。

　この「4つの1,000万円」を達成して初めて一人前といえる、達成していないうちはまだまだ成長が必要ですよと経営者に伝えます。経営者が自分としてはまずまずの成長と経営ができていると思っている場合でも、この4つとも達成できている経営者は少ないのです。

さて、「4つの1,000万円、何だと思いますか?」といって、実際に経営者に答えてもらいます。ここで皆さんも考えてみてください。

1つ目は会社の経常利益です。経常利益を1,000万円出そうという目標です。業種を問わず、「1,000万円の経常利益を出す会社を目指しましょう!その水準であれば中小企業は税率の軽減もあり、税金は3割程度ですむので、7割は会社に現金が残ります。臆することなく1,000万円までは利益を出しましょう!」と話します。

2つ目は会社の自己資本です。創業時には少資本で会社をつくるケースも多いのですが、「ホームページなどで確認されたときに、自己資本が1,000万円もない会社だと信用度が低いと感じられますよね。最低1,000万円はないと……」と話します。

自己資本を1,000万円まで増やそうと思うと、相応の税金を払いながら内部留保を蓄積する必要があります。したがって、この1,000万円をクリアするまでは、資本増強につながらない節税や明確な必要性のない役員報酬の引上げには反対します。「自己資本1,000万円をまっしぐらに目指してください。でないと1人前とはみなせません」と苦言を呈します。

3つ目の1,000万円は、役員報酬です。ここで、1つ目の経常利益とのバランスが問題になります。役員報酬と経常利益はトレードオフの関係にあるからです。「役員報酬を上げると利益が減るし……」と反論する経営者には明確に回答できます。私は「会社と社長は利益を折半すべきです」と主張します。

たしかに、収支トントンの会社の社長の給料が1,000万円ではバランスが悪いといえます。経営者に対して1,000万円の報酬を支払うためには、会社の経常利益が1,000万円である必要があります。つまり、会社と経営者が利益を折半しているようにみえる状態が最もバランスのとれた状態だと考えられます。私は、実は税効果としても、この考え方がいちばん有効なのではないかという経験則をもっています。

役員報酬600万円基準という考え方

　ちなみに、中小企業金融には役員報酬「600万円」基準という考え方があります。

　会社の業績が悪化してしまい、金融機関が借入金の返済を猶予（リスケ）せざるをえないケースでは、会社は金融機関から経営改善計画の策定と、改善に向けた真摯な取組みを求められます。その計画においては当然に役員報酬の削減も改善項目としてあがります。しかし、経営者にもそれなりの生活費が必要ですので、役員報酬をゼロにするわけにはいきません。そこで、金融機関の目線として、返済猶予をしているとしても、役員報酬600万円までならば許容しようという考え方です。

　逆にいえば、年収1,000万円の経営者であれば、600万円までの削減余地があるという見方もできます。つまり、金融機関目線でみれば、役員報酬が高額の場合、会社の実態的な利益はもっと見込めるということになります。実際、債務償還年数の計算において用いるキャッシュフローの算定で、この役員報酬を補正（高額とされる部分を利益に加算）して算定する金融機関もあります。

　さらにいうと、1,000万円の経常利益を出している会社の経営者が役員報酬をほとんどとっていない場合、金融機関は会社の実態的な利益を1,000万円−600万円＝400万円程度にみておくべきではないかという考え方もあるのです。

最後の1,000万円

　さて、最後の4つ目は何でしょうか。この質問には回答できる人はほとんどいません。この4つ目の1,000万円を達成するのがいちばんむずかしいかなとも思います。

　答えは、経営者が個人として金融機関にいつでも出せる預金を1,000万円以上、ずっともっておくことです。「ずっともっておく」ということは、い

つでも会社に運転資金として投入できる用意があるということです。

　その1,000万円を預ける先は、融資残高の多い、会社のメインバンクとするのが理想的です。経営者の個人預金1,000万円が数年間ずっと預金として置いてある場合、金融機関によってはそれを会社の資本とみなしてくれます。いつでも投入できる資金として、会社が万が一債務超過に陥ったときに、みなし資本として自己資本に組み入れてくれるケースもあるのです。

　実は高額な役員報酬を受け取っていても、銀行預金残高が多くない経営者が多いのです。株式投資、高級外車、住居費、教育費に資金を投入してしまい、いつでも引き出せる手元の銀行預金があまりないのです。

　この4つの1,000万円を達成できた段階で、すでに「潰れにくい会社」になっているはずです。

　これら4つの1,000万円を真摯に受け止めて行動する経営者は、財務視点からみた自分の未熟度を認識します。また、金融機関からみると会社の財務と個人の収入・資産は一体であるという考え方に基づき、バランスのよい財務戦略を受け入れてくれます。

　節税思考ではなく内部留保思考で考え、潰れない会社にするために自己資本を確実に蓄積していくという行動規範が経営者に身につくので、会社がどんどん大きくなっても同じ態度を継続する結果、素晴らしい財務諸表にたどり着く事例を数多くみてきました。

　ただし、経営者が引退の時期に近づくと別の問題が生じえます。

　ある顧問先の経常利益がいよいよ1億円を超えることになりました。当時は役員報酬3,000万円程度でしたので、私は（1億円＋3,000万円）÷2＝6,000万〜7,000万円に役員報酬を上げてもいいのではと話したところ、個人所得税がもったいないのでこのまま（3,000万円）でいいですとのことでした。

　その顧問先は、その後もずっと成長を続け、内部留保が10億円を超える企業となりました。そうなると今度は自社株に係る相続税の納税負担の問題が生じてきました。個人所得税はもったいないとはいえ、相続税負担が待ち構えていることも視野に入れて、個人と会社で利益を折半するようにもっと強

く主張すべきだったのかと、悩ましい成功事例でした（私がどのような財務コンサルティングを行って、この顧問先が最終的にどのような自社株の相続対策をしたのかは第17章で解説します）。

　具体的な金額を明示した経営者への助言は、多くの経営者から高評価を受けました。経営者にとっては強い説得力をもつ、有効な助言だったようです。自分が経営者としてまだ一人前ではないという認識の根拠を定量的に理解できますし、どうすれば一人前になれるのかが明確に示されるので、やる気がわきます。たかが言葉、されど言葉だと思うのです。

　ぜひ皆さんもお使いになられたらどうでしょうか。

第 **4** 章

中小企業の資金繰りを極める

中小企業の資金繰りを極めるとは「短期借入金」を極めること

　中小企業の資金繰りには、その事業に応じた特性があります。そうした特性をしっかりとつかんだうえで、会社にとってどのような資金調達が望ましいのかを理解し、会社が資金不足に陥らないような状態にすることが財務コンサルティングに求められます。それは「潰れにくい会社」づくりにつながります。

　会社が資金不足に陥らないような手当として、最も重要になるのが短期借入金の取扱いです。「短期借入金」を極めることで、会社の資金繰りはぐんと楽になります。ただし、その前提として「中小企業の運転資金の性質」をしっかりと理解することが大切です。本章では、中小企業の運転資金の特性をよく理解しながら、短期借入金を最も有効に活用する方法について触れていきたいと思います。

返さなくてもよい借入れの存在を理解する

　そもそも事業者にとって、借入れをするというのはよいことなのでしょうか、悪いことなのでしょうか。ある税理士が「私は会社を潰さないために無借金経営を推奨しています」と話されているのを聞いて、私は、この方は中小企業の財務の特性を十分に理解しているとは言いがたいのではないかと感じました。

　「借金」という言葉には、どうしてもマイナスのイメージがつきまといます。無借金経営が理想とされ、借金が少ないことは会社の財務の健全性を示す尺度にもなっています。しかし、中小企業には借入れをしないと事業を伸ばせない時期もあります。また、金融機関からみて借入れとはみなされない借入れも存在するのです。この点を理解できないと、中小企業金融は語れないと思います。

　では、「借金」ははたして「善」なのか「悪」なのか。実は中小企業金融

の世界には、「よい借金」と「悪い借金」が存在します。さらに、**返済をしなくてはいけない借金**と**返済しなくてもよい借金**が存在するのです。資金繰りを極めるには、「よい借金」をすることを心がけ、さらに「**返さなくてもよい借金**」を有効に活用することが重要になります。

　具体的には、事業運営の際には「経常運転資金」（正常運転資金、所要運転資金とも呼ばれます）と呼ばれる資金需要が存在し、その資金需要を満たすための借金はよい借金であること、借金の形態としては短期借入金で調達することが資金繰りの安定につながります。このことをしっかりと理解することが重要なのです。

■ 経常的に発生する収支ズレ──経常運転資金

　ほとんどの事業では売上げがあがった瞬間に現金入金とはならず、売掛金や受取手形といわれる入金までタイムラグが生じる売上代金回収方法をとっています。また、商品（製品）を販売する事業ならば、その商品を在庫として保管しておく場合が多いでしょう。売掛金や在庫として、おカネにならずに滞留している状態が続くわけです。したがって、売掛金や在庫の増加は、会社の資金収支にとってはマイナスに働きます。

　一方、仕入についても売上げと同様に、仕入と同時に現金で支払うことはほぼありえません。現金支払を一定期間猶予してもらう買掛金や支払手形といった仕入代金支払方法をとることが多いはずです。買掛金や支払手形の増加は本来出ていくべきお金が出ていかないことを意味するので、会社の資金収支にとってはプラスの働きがあります。

　事業を継続している限り、このプラスとマイナスの状態は恒常的に発生しています。月次残高試算表をみると、売掛金や在庫や買掛金がなくなる月はないはずです。つまり、この状態は事業をやめてしまわない限り経常的かつ永久に続くといえます。そして、プラス（買掛金）よりマイナス（売掛金＋在庫）の金額のほうが大きければ、会社の資金収支はマイナスとなって、外部から資金を調達しない限り資金不足に陥ります。

金融機関はこの資金不足のことを、「経常運転資金」「正常運転資金」「所要運転資金」と呼んでいます。この経常運転資金は創業時から発生します。たくさんの自己資金を準備して事業をスタートするケースは少ないので、経常運転資金は金融機関からの借入れによって調達するのが通常です。それは当然に必要な借入れ（よい借金）であり、事業の特性に応じて恒常的に発生する資金不足であることをまずは理解しましょう。もちろん、買掛金で仕入れて現金で売る小売業など経常運転資金を必要とせず、資金がずっと余り続ける事業もあります。

　経常運転資金は以下の算式で求められます。

　　経常（正常）運転資金＝売上債権（売掛金＋受取手形）＋棚卸資産
　　　　　　　　　　　　　　－仕入債務（買掛金＋支払手形）

　この算式を図示すると、図表4－1のようになります。

　図表4－1の左側の❶の部分は資金化を待っている状態で、右側の❷の部分は支払を待ってもらっている状態です。この差額、つまり❸の部分（経常運転資金）は、入金と出金のタイミングのズレによる資金過不足額を示しているといえます。

図表4－1　経常運転資金の図示

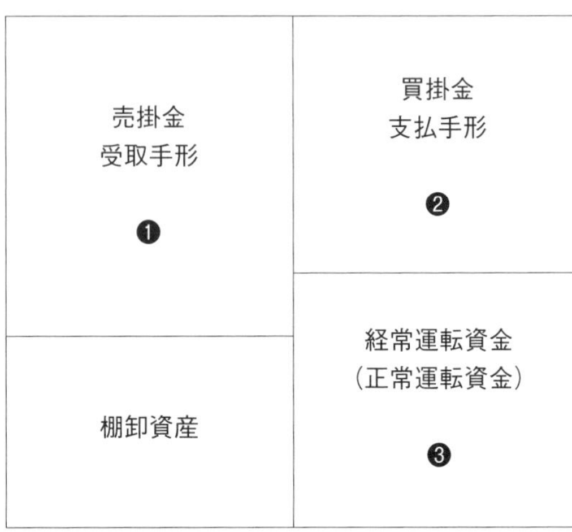

出所：著者作成

利益を出して正常な経営をしていても、事業をしている限り、このように資金不足になる状態がありうるという認識を金融機関はもっています。会社はこの収支ズレ分を補填するために、自己資金がない限り借入れをせざるをえません。ただ、「収支ズレ」ですから、会社が事業をやめたときには最終的には代金が決済されてその金額が手元に残るはずです。必ず手元にカネが残る＝借金を返済できるので、問題のない正常な借金といえるわけです。

■ 経常運転資金の借入れは「しなくてはならない」

　経常運転資金額を自己資金でまかなえれば借入れをしなくてもすむわけですが、中小企業が創業時から自己資金を十分に用意できるケースは少なく、毎年、利益を出し、税金を払って内部留保を蓄積して自己資本を増やしていくしかありません。自己資本を蓄えるスピードよりも、会社の成長スピードが速ければ資金不足も拡大し、結局、銀行からの借入れに頼らざるをえない事業者が多いのです。

　しかし、これは事業が健全に成長していく過程で発生する正常な姿であり、健全な資金調達といえます。だから、金融機関も経常運転資金を「正常運転資金」と呼んでいるのです。経営者は会社の成長と取引拡大を求めるものです。資金収支のプラスまたはマイナスは、会社が大きくなればなるほど、商取引が拡大すればするほど、大きくなります。これを金融機関は「増加運転資金」と呼んでいます。

　つまり、どれだけ会社が儲かって自己資金を蓄えたとしても、それ以上に速いスピードで会社が成長する場合は、追加的に借金をしなくては会社が回らない状態に陥ることが多くあります。「こんなに儲かっているのに、なぜ資金繰りが苦しいのだろう」という経営者の声を聞くことが少なくありません。それは、こうした経常運転資金が増加するロジックを経営者が理解できていないからなのでしょう。

経常運転資金の特性と正しい調達方法

　ところが、金融機関は「正常運転資金」の存在を理解しているものの、日本の中小企業金融の特徴として、それが正常な融資形態でまかなわれていないケースがあります。これを是正し、適切な融資に組み換えていくことが、中小企業の資金繰りを安定させる方策となります。

　回収・支払条件などに変化がない限り、事業を継続していれば毎月一定金額の運転資金が恒常的に必要となるわけですから、その場合の借入形態として、すぐに返済期日が到来する形態や、毎月返済が必要な形態は望ましくありません。理論的に考えれば、恒常的に借りておける形態、すなわち、返す必要のない形態で調達し、事業をやめた場合に返済するか、利益から蓄積した自己資本で段階的に減らしていく形態が望ましいということになります。

　つまり、経常運転資金は恒常的に存在する資金不足ですから、それを手当するための借入れも返済不要の資金ととらえて問題はないのです。利益を出して自己資本で運転資金をまかなおうと試みても、会社が成長している局面では売上げが増えて運転資金の不足額も増えます（増加運転資金）。また、事業を拡大するための設備投資に自己資本が必要な場合もあり、なかなか簡単に借入れを不要にできないのが中小企業金融の特徴ともいえます。

短期継続融資を獲得するにはどうすればいいか

　金融機関は、経常運転資金は恒常的に生ずる毎月の収支ズレであり、返済不要の形態で融資しないと実態にあわないと理解していますので、短期借入金の継続的な借換えで対応するのが通常です。具体的には、「手形貸付」か「当座貸越」になります。短期ですから、どちらも最長1年という期間を設けて融資するのですが、1年以内に返済を求めるのではなく、実質的に返済をしなくてもよいという前提で融資契約を結びます。手形貸付においては3カ月～1年のスパンで「手形の書換え」といわれる更新手続を行います。当座貸越では1年ごとに当座貸越の極度額を見直していく手続がとられていま

す。どちらも短期の融資を継続するという性格から短期継続融資と呼ばれ、実質的には返済が不要となっている融資形態です。

　では、どの事業者もこうした短期継続融資で資金を調達できているかというと、そうではありません。金融機関が短期継続融資の取組み可否を慎重に考えるからです。その理由は、返済不要＝貸しっぱなしとなってしまうことは信用リスク管理上望ましくないということにあると考えられます。当座貸越においては、借り手は必要な額しか借りませんから、金利収入が減ってしまうという経済的な観点からの理由もあるでしょう。金融機関は、財務内容が良好な先に対しては、短期継続融資はもちろん、経常運転資金に最適な当座貸越を積極的に提供しています。一方で、財務内容に問題がある先への短期継続融資にはなかなか応じてくれません。

　前述した計算式に基づけば、事業者の決算書から経常運転資金の必要額は簡単に算定できますので、事業者が依頼した場合には快く短期継続融資を提供してほしいところですが、中小企業の業況は急に変わり、その財務内容にも不透明なところがあるケースが少なくありませんので、金融機関としては、本当に返す必要のない融資をしていいのかためらわれるということなのです。短期継続融資を実現できるか否かが財務コンサルタントの腕の見せ所であり、そこから中小企業金融の資金繰りを極める＝短期借入金を極めるという主張につながります。

　短期継続融資を獲得できるかどうかは、この経常運転資金または正常運転資金の「正常」という言葉にヒントがあります。金融機関からすると、この正常運転資金として算出された金額がはたして本当に「正常」といえるのか、実在するのかを明確にしてからでないと、返済不要の融資はできないというのは致し方ないところでしょう。

　正常運転資金が判断できない場合、金融機関は定期的な返済義務のある長期の貸付（証書貸付）などの形態で融資します。恒常的に発生する運転資金を長期借入れでまかない、定期的に約定返済をしていると、いずれ運転資金が不足します。そうすると、その不足分をまかなうために、新たな長期借入れを起こします。このように新たな借入金で既存の借入金を返済することを

「資金繰り償還」と呼んでいます。資金繰り償還を繰り返していると、何本もの証書貸付が存在する状況となります。そして、毎月の返済額がどんどん積み重なっていくので、年間キャッシュフローの何倍もの額の返済が必要になります。そのような状況になっている事業者が多いのが、日本の中小企業金融の特徴であるといえます。

　では、金融機関から短期継続融資を獲得するためにはどうすればいいのでしょうか。ポイントは、次の2点を金融機関に対して説得的に示すことです。

①　会社がすぐには潰れにくいという財務の安全性
②　正常運転資金の額が正常といえる根拠を示すこと

　この2点がそろうと短期継続融資の獲得の可能性が高まります。

　上記①の会社が簡単に潰れない財務とは何かについては、すでに解説しました。短期継続融資をためらう金融機関があれば、財務コンサルタントとして金融機関と目線あわせを行い、事業者が財務指標をどのように改善すればよいのか、金融機関が短期継続融資を提供するにはどのような信用補完が必要なのかを明確にして、着実に適切な資金調達に事業者を導いていくのが理想の姿です。

　上記②の正常運転資金額が本当に正常なのかは、決算書の貸借対照表の透明性と健全性に関係があります。金融機関はそこに疑いがあるので、短期継続融資をためらっている可能性があります。その疑いの解消方法については次の第5章で詳細を解説します。

当座貸越は中小企業金融における最高峰の融資形態

　銀行の融資商品にカードローンがあるのはご存知だと思います。決められた借入枠の範囲で必要なときに借りて、好きなときに返済ができる。利息は実際に借りた金額だけにかかり、反復利用ができる利便性の高い融資商品です。事業者向け融資にもこれと似た商品が存在し、「当座貸越契約」と呼ばれています。

当座貸越という言葉から、当座預金をもっていない事業者は当座貸越を利用できないのかという質問もよく受けますが、まったく関係ありません。当座預金と当座貸越はまったく別のものです。メガバンクでは当座貸越のことを、英語表現で「コミットメントライン」などと呼ぶことも多いのです（コミットメントラインと呼ぶ理由は後述します）。

　事業者にとって、当座貸越には大きな利便性や経済合理性が存在します。企業の資金繰りには毎月決まったパターンがあります。一般的には月末に資金が不足し、月初には資金が潤沢にあるといった資金残高の変動が繰り返されていると思います。手形貸付では所定期間中、最大の資金不足額を借りっぱなしになりますが、当座貸越なら資金不足が生じたタイミングで必要金額を借り入れ、資金が潤沢になったタイミングで返済することができます。

　当座貸越の利用にはいちいち融資を申し込む必要がなく、決められた借入枠（極度額）の範囲内ならば口座から預金を引き下ろすような感覚で、伝票１枚の簡易な手続で借入れができます。返済も同様に好きなときに返済ができます。その気になれば１日単位で借りたり、返したりができるのが当座貸越です。融資の利息も日割り計算となっていますので、利用していない分は金利負担が減ることになります。手形貸付のように借りっぱなしの融資ならば、融資残高に対応する利息が確定しますが、当座貸越ではどれだけ大きな極度額をもっていても、枠を使わなければ利息は発生しません。

　当座貸越では、資金が必要なときに必要な額を借りて、不要なときは返済して借入れを減らしておくことが自由にできるのです。こうすると効率的に資金調達ができますし、借入利息負担の削減ができます。逆に金融機関にとって、当座貸越の設定は収益性からみてあまり嬉しくない融資商品ということになります。金融機関からは、財務内容の良好な先だと当座貸越でないとお金を借りてくれないと嘆く声も多く聞かれます。

　ちなみに、当座貸越を設定しておいた企業はゼロゼロ融資で調達した資金を当座貸越の返済にひとまず充当し（直接的な返済はできないので、ゼロゼロ融資の資金を仕入資金などに使い、売上入金時に余剰となった資金を当座貸越に内入しています）、コロナ禍のなかでも当座貸越残高をゼロとすることができ

ました。借金がなくなって安心できるうえに金利負担も減り、優れた財務状況を維持できたと喜ぶ経営者が少なくありませんでした。

■「悪い借入れ」──当座貸越利用に関する注意喚起

一方で、この当座貸越の利用については功罪の「罪」の部分もあることを注意喚起しておきたいと思います。金融機関職員であれば、共感できる内容だと思います。

当座貸越が獲得できる企業は財務内容が比較的良好で、多くの金融機関が融資をしたいと思っている企業が多いといえます。これも日本の中小企業金融の特徴といえますが、金融機関は他の金融機関と横並びの支援はしやすいという面があります。ある銀行が当座貸越を設定した場合、他の銀行も同じ程度の当座貸越枠を設定しないと競争に負けてしまう、融資を利用してもらえないということで、当座貸越を事業者に提案し、他行と同レベルの極度額設定をしてもらう営業活動をします。

このように各銀行から当座貸越枠の提案を受けた結果、その企業からすれば過大な金額の当座貸越枠が設定されてしまうケースもよくあります。問題なのは、当座貸越の資金使途が自由であることから、経営者が当座貸越で引き出した資金で、有価証券投資や、ひどい場合は自動車や不動産の購入までしてしまうケースもあることです。

本来、当座貸越の利用は経常運転資金を上限とした短期継続資金の調達に留め置き、他の借入れは着実に返済を進めていくという財務状態を維持すべきです。そうでないと、金融機関は財務状況がよいときは目をつむってくれているかもしれませんが、ひとたび財務状況が悪化した場合、「そもそも資金使途が想定と異なる。経常運転資金を超える当座貸越は継続できない」といわれかねません。そのときに返済原資をすぐに確保できないと、資金繰り上大きな問題を引き起こします。

これが前述した「悪い借入れ」ということになります。過大あるいは不健全な短期継続融資の利用を注視し、過剰な短期継続借入れは長期借入れに組

み換えて、着実に返済を進めていくというような財務のバランスの見直しの指導も必要になるのです。

　当座貸越は最高峰の借入れであると同時に、使い方を間違えると不健全な資金繰りを招くリスクもあります。この功罪両面があることをしっかりと認識して、事業者にコンサルティングできることが資金繰りを極めることになると考えます。

第 **5** 章

短期継続融資を
獲得、継続する秘訣

金融機関が短期継続融資に応じない理由

金融機関が短期継続融資になかなか応じてくれないという声をよく聞きます。また、短期継続融資の継続にあたり金利を引き上げる（枠を引き下げる）という申入れを金融機関から受けたが、なぜだろうかという質問もたまにお受けします。

前章で短期継続融資を実現する方法についても説明しましたが、本章ではもう少し突っ込んで考えてみたいと思います。会社の財務内容が良好であれば、金融機関は短期継続融資に快く応じてくれるケースがほとんどなのですが、そうでない場合、どのように金融機関と交渉すればよいのか。いくつか事例をあげて考えてみます。

まず、金融機関が短期継続融資について、どのようなリスクを感じているのかを理解しましょう。前章で述べたように、金融機関が短期継続融資を躊躇する理由の１つは、その事業者の運転資金の実態が本当に存在するのかどうかに懸念があるということです。もう１つは、運転資金が正常であることは理解でき、事業をやめたときには売掛金・棚卸資産が資金化され、回収原資になるとはいうものの、その事業者の業績が悪化して破綻してしまったら、回収された資金をほかの債権者と分けなければいけなくなるということです。運転資金の実態が正常でも、会社自体が潰れてしまったら最終的には回収ができなくなるというリスクをにらんでいるのです。

１つ目の懸念への対応

中小企業の財務は信用できない、特に滞留債権や不良在庫がどの程度あるのかがみえにくいというのが金融機関の本音です。それが１つ目の、「運転資金が正常に存在するのか」という懸念に結びついています。「お宅の会社、不良資産ありませんか？」とは聞きにくいので、融資自体を慎重に考えているわけです。

この懸念に対しては、売掛金台帳などを開示することで、売上債権の回収

が正常にできていることをアピールできるはずです。また、在庫についても同様に個数・枚数、金額などが明記された在庫のデータを開示することで実在性を示せます。

　金融機関が懸念している不良在庫の評価損に関しては、1個当り、1台当りの平均販売単価から棚卸資産の含み損益を概算でもよいので明示できると金融機関は安心します。含み損があってもよいのです。在庫の含み損がどの程度あるのかを把握し、開示するという姿勢が、金融機関の積極的な支援を引き出すことにつながります。

　中古自動車販売業においては、コロナ禍を受けた半導体不足のために新車が枯渇し、中古車価格が著しく高騰しました。在庫の中古車にも大きな含み益が出ました。しかし、その後、新車が一斉に供給され、逆に中古車の価格が下落して在庫に大きな含み損が出てしまった事業者もあります。その際、在庫の含み損益の評価をしている会社とそうでない会社とでは大きな差が出ました。

　きちんと在庫の評価をしている会社は金融機関に対し「現在、含み損は○○百万円程度あるが、過去の推移から市場価格はいずれ回帰するので、いまあわてて売らずに、逆に価格が安いいまの時期に多めに仕入れて、在庫として保有しておきたい。そこで、追加の仕入資金分、当座貸越枠を増額してほしい」と依頼し、金融機関はこれに応じました。

　市場環境の激変に対して市場価格の現況を明示し、在庫評価を見直して販売価格の転嫁につなげる経営ができている点と、評価損をきちんと開示する姿勢が金融機関から高い評価を受けた結果と考えられます。

■ 2つ目の懸念への対応

　業績が悪化して潰れてしまっては回収ができないという懸念への対応については、やはり「潰れにくい財務」に近づけることが解決策となります。会社が潰れにくいか潰れやすいかは、自己資本の厚みと債務償還年数によりますので、これらの数値を金融機関が満足する水準まで引き上げる必要があり

ます。

　したがって、どの水準となれば短期継続融資が可能かの目線を金融機関と
あらかじめ話し合ってみるのも有効な策です。

　常識的に考えれば、債務超過やキャッシュフローがマイナスであれば短期
継続融資を断られても仕方ないでしょう。その場合には、自己資本はどの程
度あればよいのか、債務償還年数が何年ならよいのかを確認して、その水準
を目標とした経営改善計画を策定し金融機関に提出しておくのです。経営改
善計画を達成した暁には、金融機関も短期継続融資の設定を断りにくいはず
です。

■ 当座貸越とコミットメントラインとの違い

　金融機関が当座貸越枠設定を渋る理由として、こんな意見を述べることも
あるでしょう。「貴社は債務超過でもないし、債務償還年数も問題ないの
で、財務状況の水準は問題ないところにありますが、この業績が続くのかど
うかをもう少しみたい」。そんなときには、コミットメントラインという当
座貸越の融資形態を検討してもよいと思います。

　前章で、メガバンクは当座貸越ではなく、「コミットメントライン」とい
う名前で当座貸越を提供していると述べました。伝統的な当座貸越とコミッ
トメントラインの違いは、コミットメントラインでは短期継続融資のリスク
を軽減するために、それを利用する企業からいくつかの誓約を取り付けるこ
とになります。どのような誓約事項を設けるかは、企業ごとに個別に協議し
て取り決めるのですが、以下では主な例をあげておきます。

・売上代金は当座貸越を利用する銀行の口座に集約すること（売上債権の実
　態をみえるようにするため）
・毎月決められた期限内に月次試算表の提出を行うこと（財務状況の悪化等
　を早めに把握するため）
・２期連続経常赤字の場合は金利を上げる、担保を徴求するなど（潰れにく
　い財務を維持するため）

・設備投資は年間上限いくらまでに規制（キャッシュフロー悪化を抑制するため）

・自己資本が現在より30％以上棄損しないこと（潰れにくい財務を維持するため）

　コミットメントラインでは、このような条件を当座貸越契約に付帯します。これらの条件に違反（抵触といいます）した場合、金利を引き上げる、担保を徴求する、当座貸越契約を解除し金銭消費貸借契約に切り替えるなどの措置が講じられます。

　短期継続融資をためらう金融機関に対しては、こうした誓約事項を受け入れることで当座貸越等の設定が可能となるケースも存在します。

第 **6** 章

短長最適という用語を
広めていきたい

資金繰りを安定化させる融資の組合せ

　短長最適とは、中小企業の理想のバランスシートをイメージするために私が考えた造語です。短期借入金と長期借入金を最適なバランスに組み換えようとする考え方であり、アフターコロナにおいては特にニーズが高まっていくと思います。

　具体的には、経常（正常）運転資金は短期継続融資でまかない、残りの借入金は長期借入金としてキャッシュフローにあわせた着実な返済を進めていくこととなります。

　コロナ禍において、ゼロゼロ融資を中心としたコロナ関連融資が矢継ぎ早に事業者に投入されました。それらはほぼすべてが長期借入金であることから、長期借入金が過剰になっている事業者が増えているはずです。

　長期の運用と調達のバランスを測る指標として「固定長期適合率」があります。固定長期適合率とは、固定資産の保有を安定した資金でまかなえているかを示す指標であり、計算式は、

　　固定長期適合率＝固定資産÷（自己資本＋固定負債）×100

となります。「自己資本と固定負債の総額」と固定資産が同額であれば、固定長期適合率は100％になります。

　固定長期適合率が低いほど会社の財務状況が安定しているとされます。固定資産は長期的に保有するわけですから、それをまかなう資金は長期借入金か自己資本であることが理想で、固定長期適合率が100％を大きく超えていると、資金繰りが悪化するおそれがあるといわれています。

　とはいえ、固定長期適合率が低すぎる場合は、短期の運転資金需要を長期借入金でまかなっている可能性があり、それは安定した財務状況とはいえません。これを最適な状態になるように融資を組み換えていこうというのが「短長最適」の考え方です。

　図表6－1は、「金融庁におけるコロナからの地域経済再生に向けた取組み」と題する金融庁監督局銀行第二課地域金融企画室長今泉宣親氏の講演資料の一部です（2021年10月）。私がこれまで述べてきた考え方と同じ目線で

図表6－1　アフターコロナで必要とされる融資の組換え

中小企業の望ましいバランスシート
（資金運用表：現預金除き）

短期（運転）資金	売上債権	仕入債務
	棚卸資産	短期継続融資
長期（設備）資金	固定資産	長期融資（約定弁済あり）
		自己資本

金融機関
基本的なスタンス
➢ BSを主体に融資を組み換える

　ゼロゼロ融資も例外ではない

短期融資
➢ 経常運転資金には短期継続融資を行う
➢ 必要に応じて資金繰り表を作成する
➢ 日常的なモニタリングを行う
➢ 経営者保証は求めない
長期融資
➢ 設備資金と赤字資金とを区別する
➢ 設備の償却年限と返済年限をそろえる
➢ 赤字資金には将来計画の策定を行う

　アフターコロナは融資の組換えから

➢ 固定長期適合率≦100
➢ 運転資金（売上債権＋棚卸資産－仕入債務）≧短期継続融資
出所：金融庁監督局銀行第二課地域金融企画室長今泉宣親「金融庁におけるコロナからの
　　　地域経済再生に向けた取組み」（2021年10月）

「アフターコロナ」では融資の組換えが必要と話されており、私の「短長最適」の考え方に後押し、お墨付きをもらった感じがしました。
　図表6－1では、コロナ関連融資が約定弁済ありの長期融資のため、中小企業のバランスシートは長期借入れの比重が高まりすぎたので、望ましいバランスシートへと改善するには短期融資を増やす必要があり、その短期融資は経常運転資金に対応するので、短期継続融資の利用が必要であることが示されています。また、着目すべきなのは、長期融資においては設備投資に係る部分と赤字補填に係る部分を区別していることです。
　この視点をふまえて、どのような財務コンサルティングが望ましいのか、アフターコロナにおける理想的な融資の組換えとは何かを検討してみようと思います。具体的には、短長最適化に向けて、次の3つの融資形態の活用方法を考えてみます。
① 政府系金融機関の新型コロナ対策資本性劣後ローン
② 信用保証協会のコロナ借換保証

③　民間金融機関によるテールヘビー型の長期融資

新型コロナ対策資本性劣後ローンを短期継続融資の獲得に活用

　まず政府系金融機関の新型コロナ対策資本性劣後ローンの概要を図表6－2に示します。本融資は融資には変わりないので貸借対照表上負債に位置づけられますが、金融取引上は資本とみなされます。したがって、財務状況を改善させる効果がありますが、株式ではないために議決権への影響はありません。

　特徴としては、「無担保・無保証人」「期限一括返済」をあげることができ、期限までの間は利息のみの支払となります。融資期間中は元金の返済負担がなく、月々の資金操り負担を軽減することができます。また、コロナ前から存在していた資本性劣後ローンに比べ、新型コロナ対策資本性劣後ローンは利率、融資限度額、返済期間が使いやすくなっています（図表6－3）。

　また、従来の日本政策金融公庫の資本性劣後ローンではかなり精緻な事業計画の作成を求められ、承認まで時間がかかり、審査の目線も厳しかったのですが、新型コロナ対策資本性劣後ローンの申込みに必要とされる経営行動計画書は比較的簡易な内容となっており、審査基準や所要時間が緩和されているように見受けられます（図表6－4）。

　しかし、政府系金融機関の新型コロナ対策資本性劣後ローンの審査においては、民間の既存取引金融機関にも相応にリスクをとった融資を行ってもらうことが前提となるといわれています。「政府系金融機関だからといって、自分たちだけがリスクを負うつもりはない、民間の金融機関と協調してリスクを負うならば同制度での支援をする」との説明を受けることが増えています。

　アフターコロナにおいて財務が傷んだ事業者を支援するにあたっては、資金提供の緊急性、重要性が高いので、早く審査を進めなくてはいけないし、事業者に精緻な事業計画の作成を求めたとしても、そもそも厳しい環境が続

図表6-2　新型コロナ対策資本性劣後ローンの概要

○日本政策金融公庫および商工組合中央金庫（危機対応融資）

融資対象	新型コロナウイルス感染症の影響を受けた事業者であって、以下のいずれかに該当する者 ①　J-Startupに選定された事業者、または中小機構が出資する投資ファンドから出資を受けた事業者 ②　再生支援協議会（注）の関与のもとで事業の再生を行う事業者、または中小機構が出資する投資ファンドの関与のもとで事業の再生を行う事業者 ③　事業計画を策定し、民間金融機関等による協調支援体制が構築（※1）されている事業者（※2） 　（※1）　原則として融資後概ね1年以内に民間金融機関等から出資または融資による資金調達が見込まれること 　（※2）　民間金融機関等からの協調支援を希望しない場合等においては、認定支援機関の支援を受けて事業計画を策定していれば対象
融資限度額	【中小事業・危機対応】1社当り7.2億円⇒10億円（別枠）、【国民事業】1社当り7,200万円（別枠）
融資期間	20年・10年・5年1カ月（期限一括償還）※5年を超えれば、手数料ゼロで期限前弁済可能

融資後当初3年間は一律0.5%または0.95%、4年目以降は直近決算の業績に応じた利率を適用

貸付利率		当初3年間および4年目以降赤字の場合	4年目以降黒字の場合	
			5年1カ月・10年	20年
	中小事業・危機対応	0.50%	2.60%	2.95%
	国民事業	0.95%	3.30%	4.70%

※直近決算の業況に応じて、毎年適用利率の見直しを実施

担保・保証人	無担保・無保証人
資本性の扱い	金融機関の債務者の評価において自己資本とみなすことが可能 ※償還期限の5年前までは残高の100%を資本とみなすことが可能（5年未満からは1年ごとに20%ずつ資本とみなせる額が減少）
その他	本制度による債務は、法的倒産時には、すべての債務（償還順位が同等以下とされているものを除く）に劣後

（注）　現「中小企業活性化協議会」。
出所：経済産業省「新型コロナ対策資本性劣後ローンの貸付限度額引き上げについて（2021年6月8日）」

図表6-3　政府系金融機関の資本性劣後ローンの内容（従来の制度との相違点）

	従来からの資本性劣後ローン	新型コロナ対策資本性劣後ローン
対象者	・創業後7年以内、技術・ノウハウなどに新規性がみられる方 ・経営多角化・事業転換を行う方 ・認定支援機関の指導を受けて新たな取組みを行う方 ・支援協議会（注）などの支援を受けて事業の再生を図る方 など	1．J-Startupに選定された企業または中小機構関連の投資ファンドから出資を受けた企業 2．支援協議会（注）の関与のもとで事業の再生を行う方、または中小機構関連の投資ファンドの関与のもとで事業の再生を行う方 3．上記1および2に該当しない方であって、民間金融機関などによる支援体制が構築されている方
利率	0.95〜6.20%（3区分）	0.50〜2.95%（2区分）
融資限度額	4,000万円	7,200万円（別枠）
融資期間	5年1カ月以上15年以内	5年1カ月、7年、10年、15年、20年

（注）　現「中小企業活性化協議会」。
出所：著者作成

くなかで事業計画の実現性がなかなか読めない。しかし、民間の金融機関も当該事業者にプロパー融資を行ってリスクをとるならば、その事業者を簡単に見放すことなく支援するだろう。そこで、融資審査にあたっては、民間金融機関による協調融資を条件にいち早く資金を出そう。政府系金融機関には、そんな意図があるのではないかと理解できます。

　資本性劣後ローンを投入することで、傷んでしまった事業者の財務状況が一挙に改善するわけですから、民間金融機関もリスクをとりやすくなる、すなわち融資がしやすくなるはずです。資本性劣後ローンは資金供給そのものを目的とするだけではなく、それによって民間金融機関の融資を引き出すという目的もあるのです。

　さて、そこで検討すべきは、新型コロナ対策資本性劣後ローンをテコとし

て、民間金融機関から短期継続融資を獲得することです。政府系金融機関は資本に相当する、期中返済負担のない長期融資を提供するわけですから、その資本増強に鑑みて、民間金融機関はこれまでリスクをとりがたかった中小企業に対しても短期継続融資を提供できるようになるはずです。どちらも返済負担のない資金調達ですので、これによりコロナで傷んだ中小企業の資金繰りが飛躍的に改善するでしょう。

　まとめると、政府系金融機関の資本性劣後ローンの活用により、民間金融機関からの短期継続融資の獲得につなげることが顧問先に対する有効な支援策となるでしょう。それが「短期借入れを極める」ことにもつながる、アフターコロナでの理想的な融資の取組みであると考えます。

■ 信用保証協会のコロナ借換保証で長期融資を極める

　以上に対し、「長期借入れを極める」ためにアフターコロナで押さえておきたい融資制度が信用保証協会のコロナ借換保証と民間金融機関によるテールヘビー型長期融資です。

　まずは信用保証協会のコロナ借換保証について説明します（図表6－5）。

　民間のゼロゼロ融資の返済開始時期が2023年7月～2024年4月に集中する見込みのため、これまでの伴走型支援特別保証を引き継ぐかたちで、2023年1月に新たな保証制度が創設されました。民間ゼロゼロ融資からの借換えに加え、他の保証付融資からの借換えも可能、さらに事業再構築等の前向き投資に必要な新たな資金需要にも対応と説明されています。制度の名前は「借換保証」ですが、借換えだけではなく、純増＝追加融資も可能となっているわけです。

　国はコロナ禍の影響を受けた事業者を対象として、1兆円を超える大規模予算を用意して、コロナ禍の影響を受けにくいビジネスモデルへの転換を図るための事業再構築を支援する「事業再構築補助金」をスタートしました。のべ7万件近い事業者が採択を受けていますが、財務状況が厳しい事業者が採択を受けても、金融機関から融資を受けられず、やむなく補助金の受領を

図表 6 - 4　新型コロナ対策資本性劣後ローン「経営行動計画書」の記載事項

計画策定日：令和 ○ 年 ○ 月 ○ 日

経営行動計画書

1．事業者名等

住　　所	○○○○○○○○
法 人 名 代表者名 又は氏名	株式会社○○○○○○○○ 代表取締役○○○○○○○

【○○銀行】との対話を通して、現状認識及び今後のアクションプランを策定しました。

今後【○○銀行】との対話を継続し、アクションプランに取組み、進捗の報告を行います。

【情報提供の同意】

伴走支援型特別保証制度を利用するにあたり、【○○銀行】が保有する以下に掲げる当社（私）の情報を以下に掲げる利用目的のために、信用保証協会及び経済産業省に対して提供することについて同意いたします。

1．提供する情報	2．提供先における利用目的
①決算・税務申告及び財務評価に関する情報　②業種・従業員数	政策効果の検証

＊事業者名は経済産業省に提供されません。

【確認状況記載欄】

本計画書が申込人の意思に基づいて正しく記載されていること及び情報提供の同意について、次の通り確認しております。

確認年月日	確認時間	確認方法（該当する項目にチェック）		金融機関本支店名・確認者
令和○年○月○日	○時○分	☑電話　□来店面談　□訪問面談　□その他（　　　　　）		○○銀行△△支店保証太郎

2．現状認識（※1）

No.	項目	内　容
①	事業概要	自動二輪車販売
②	外部環境 事業の強み・弱み	県内3市町村にてオートバイ販売・修理を行っている。外部環境に関して、コロナ禍においてツーリング需要が高まったものの、原材料不足により新車の納車が遅れているため売上改善には至っていない。近隣の競合他社に比べ、付帯サービスの価格が安く強みとなっているものの、売上げの確保が課題となっている。
	（課題）	売上げの確保。
③	経営状況 財務状況	直近期では長引くコロナ禍による消費落ち込みの影響から売上が減少し、人件費を賄えず営業損失を計上。人件費の削減を含めた販管費削減を検討中。また、金融債務が重く、資金繰りに支障をきたしている。
	（課題）	販管費を多く計上し、営業損失を計上してしまっている。

3．財務分析

直近の決算期	令和4年3月期		
①売上増加率（売上持続性）（％）	−5.0	④EBITDA有利子負債倍率（健全性）（倍）	22.0
②営業利益率（収益性）（％）	−5.0	⑤営業運転資本回転期間（効率性）（か月）	3.0
③労働生産性（生産性）（千円）	−300	⑥自己資本比率（安全性）（％）	10.0

＊表中の財務指標はローカルベンチマークにおける6指標となります。（※2）
　個人事業主の方は①②③のみ記載してください。

4．計画終了時点における将来目標

＊「2．現状認識」を踏まえた計画終了時点における事業の具体的な将来目標を記載してください。直近決算の売上高営業利益が赤字の場合は、黒字化に向けた具体的な取組をご記入下さい。

将来目標				
営業強化等により売上回復を図り、仕入れ先との価格交渉や経費削減を積極的に進め、計画2年目での営業黒字化を目指す。強みである付帯サービスに注力し、顧客の定着化を図ることで地域内シェア一番になることが将来的な目標。				
EBITDA 有利子負債倍率	計画1年目	計画2年目	計画3年目	計画4年目	計画5年目
	20　倍	17　倍	14　倍	12　倍	10　倍

＊個人事業主の方はEBITDA有利子負債倍率の記載は不要です。

5．具体的なアクションプラン

＊「2．現状認識」の課題（②③のいずれか1つでも可）について取組計画等を記載してください。計画1年目は、計画策定日の属する事業年度となります。
改善目標指標には、「3．財務分析」の①〜⑥（④を除く）のいずれかの指標を記載し、目標値には同指標の計画年度毎の目標値を記載してください。
「本資金の活用方法」は取組計画との関連性を中心に記載してください（課題が複数の場合は、いずれか1つの取組計画に係る記載でも可）。

課題	取組計画等	主な取組				
		計画1年目 （計画策定年度） （令和5年3月期）	計画2年目 （令和6年3月期）	計画3年目 （令和7年3月期）	計画4年目 （令和8年3月期）	計画5年目 （令和9年3月期）
売上高の確保	取組計画	新規顧客への営業強化、修理時に各種パーツの提案販売の強化				
	改善目標指標	売上増加率				
	目標値	2.9%	2.9%	2.8%	2.7%	2.6%
利益率の改善	取組計画	経費削減による増益				
	改善目標指標	営業利益率				
	目標値	−0.6%	0.6%	1.6%	2.6%	3.6%
本資金の活用方法（資金使途、資金効果等）	・業務効率化の為のDX投資（販売取引管理、在庫・仕入管理、従業員管理ソフト導入） 　→売れ筋の把握、欠品発生の排除等、営業力強化に資するもので、売上増加につなげる。					

6．収支計画及び返済計画

（単位：千円）

	直近決算の状況 （計画策定前） （令和4年3月期）	計画1年目 （令和5年3月期）	計画2年目 （令和6年3月期）	計画3年目 （令和7年3月期）	計画4年目 （令和8年3月期）	計画5年目 （令和9年3月期）
売上高	170,000	175,000	180,000	185,000	190,000	195,000
営業利益	−3,000	−1,000	1,000	3,000	5,000	7,000
税引き後当期純利益	−3,500	−1,500	500	2,500	3,500	5,500
減価償却費	4,500	4,000	3,500	3,000	2,500	2,000
借入金返済額	3,500	3,500	3,500	3,000	3,000	3,000

（本計画書中、別に添付する計画書で代える項目がある場合には項目名をチェックして下さい。）
□2．現状認識　□3．財務分析　□4．計画終了時点における将来目標　□5．具体的なアクションプラン　□6．収支計画及び返済計画

以　上

※1　「2．現状認識」について、「ローカルベンチマーク」における非財務ヒアリングシートを作成している場合には、同シートの提出でも差し支えありません。
　　　ローカルベンチマークの概要については以下URLまたはQRコードをご参照ください。
　　　https://www.meti.go.jp/policy/economy/keiei_innovation/sangyokinyu/locaben/
※2　ローカルベンチマークの算出方法及び各指標の意義は以下『6つの財務指標』の通りです。

（参考）財務分析の視点　〜6つの財務指標〜

①売上増加率 【計算式】　＝（売上高／前年度売上高）−1 【意　義】　キャッシュフローの源泉である売上高の増減率を確認することが可能であるとともに、事業者の成長ステージを判断するのに有用な指標です。	②営業利益率 【計算式】　＝営業利益／売上高 【意　義】　本業の収益性を図る重要な指標であり、事業性を評価するための、収益性分析の最も基本的な指標です。
③労働生産性 【計算式】　＝営業利益／従業員数 【意　義】　従業員1人当たりが獲得する営業利益を示すものであり、成長力、競争力等を評価する指標です。	④EBITDA有利子負債倍率 【計算式】　＝（借入金−現預金）／（営業利益＋減価償却費） 【意　義】　（営業利益＋減価償却費）の部分は営業キャッシュフローを簡易的に示すもので、有利子負債と当該営業キャッシュフローを比較しているため、倍率が低いほど返済能力があることを示す指標です。
⑤営業運転資本回転期間 【計算式】　＝（売上債権＋棚卸資産−買入債務）／月商 【意　義】　営業運転資金とは、販売・提供した商品・サービスの売上債権を回収するまでに必要となる資金を示すものです。過去の値と比較することで、増減した営業運転資金の増減を計測することができます。回収や支払等の取引条件の変化による必要運転資金の増減を把握するための指標です。	⑥自己資本比率 【計算式】　＝純資産／総資産 【意　義】　総資産のうち、返済義務のない自己資本が占める比率を示し、安全性分析の最も基本的な指標です。

出所：日本政策金融公庫

図表 6 - 5　信用保証協会のコロナ借換保証の概要

新たな借換保証制度（コロナ借換保証）の創設
- ●今後、民間ゼロゼロ融資の返済開始時期は2023年7月〜2024年4月に集中する見込み。
- ●こうした状況をふまえ、民間ゼロゼロ融資からの借換えに加え、他の保証付融資からの借換えや、事業再構築等の前向き投資に必要な新たな資金需要にも対応する新しい保証制度を創設。

【制度概要】
- □保証限度額：（民間ゼロゼロ融資の上限額6千万円を上回る）1億円（100％保証の融資は100％保証で借換え可能）
- □保証期間等：10年以内（据置期間5年以内）
- □保証料率：0.2％等（補助前は0.85％等）
- □下記①〜④のいずれかに該当すること。また、金融機関による伴走支援と経営行動計画書の作成が必要。
   - ①セーフティネット4号の認定（売上高が20％以上減少していること。最近1カ月間（実績）とその後2カ月間（見込み）と前年同期の比較）
   - ②セーフティネット5号の認定（指定業種であり、売上高が5％以上減少していること。最近3ヶ月間（実績）と前年同期の比較）
      - ※①②について、コロナの影響を受けた方は前年同期ではなくコロナの影響を受ける前との比較でも可。
   - ③売上高が5％以上減少していること（最近1カ月間（実績）と前年同月の比較）
   - ④売上高総利益率／営業利益率が5％以上減少していること（③の方法による比較に加え、直近2年分の決算書比較でも可）

【手続イメージ】

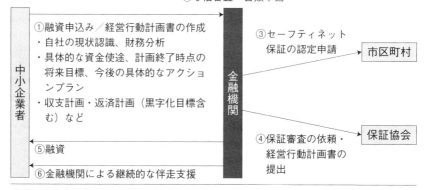

出所：中小企業庁ホームページ金融サポート

辞退せざるをえなかった事例が少なくありませんでした。

　たとえば、実際にこんな事例がありました。事業者はメインバンクである

地域金融機関からリスケを受けていました。この状況から業績の改善を目指し、新たな取組みとなる新分野展開を企画、リスクを抑えるため事業再構築補助金を申請しました。ところが、メインバンクからは、リスケ中は新規融資がむずかしいので、事業再構築補助金が採択されても融資はできないと告げられました。

　補助金を活用する場合にも、必要投資額の何分の1かは自己資金でまかなわなければなりません。しかし、金融機関からすれば、リスケ中の企業にそのような自己資金があるのなら、既存融資の返済増額に充当するのが当然ということになります。ましてやその自己資金を追加融資で捻出することなどとうてい認められません。どうしても新分野展開のための投資に向けて補助金を活用する際に融資が必要となるならば、他の金融機関を探してくださいという厳しいコメントがきました。

　たぶんこのようなケースが少なくなかったのでしょう。そこで、国としても、このコロナ借換保証の資金使途に「事業再構築する際の前向き投資の資金等」も含むとしたのだと考えられます。事業者が補助金を活用して事業再構築に向かうことを支援するため、そのための追加融資についても国が保全するので、民間金融機関はリスケ中の企業への追加融資に応じてもらいたいという制度趣旨ではないかと思います。

　この制度利用の際には、政府系金融機関の資本性劣後ローンに求められるものと同じ「経営行動計画書」の作成が必要となります。また、保証限度額は1億円とありますが、セーフティネット4号または5号の認定を取得すればセーフティネット枠、一定の要件（図表6−6の要件(3)）を満たせば一般枠の利用ができます。4号については100％保証（責任共有対象外）、5号と一般枠は80％保証（責任共有対象）です。コロナ関連融資では、これらとは別枠で「危機関連保証」の特別保証枠が存在しました。

　信用保証協会の保証制度は、一般保証が1階部分とすれば、2階部分に特別保証となるセーフティ保証枠が積みあがるかたちで運用されていて最大で5億6,000万円の利用が可能となっています。そこに、緊急時となると3階部分がさらに上積みされて、最大8億4,000万円まで利用が可能になってい

図表 6 - 6　コロナ借換保証で利用可能な保証枠

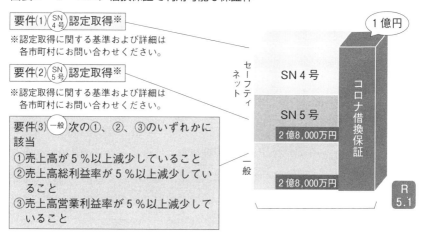

要件(1) (SN 4号) 認定取得※
※認定取得に関する基準および詳細は各市町村にお問い合わせください。

要件(2) (SN 5号) 認定取得※
※認定取得に関する基準および詳細は各市町村にお問い合わせください。

要件(3) (一般) 次の①、②、③のいずれかに該当
①売上高が5％以上減少していること
②売上高総利益率が5％以上減少していること
③売上高営業利益率が5％以上減少していること

セーフティネット
SN 4号
SN 5号
2億8,000万円
一般
2億8,000万円

コロナ借換保証
1億円
R 5.1

出所：愛知県信用保証協会資料を加工

ます。現在は危機関連保証の受付が終了しているので、2階建ての構造になっています。

　ゼロゼロ融資は、危機関連保証とセーフティネット保証のどちらでも利用できました。危機関連保証を利用していた事業者はゼロゼロ融資をそのまま継続して借りることができますので、コロナ借換保証では、セーフティ保証枠がすべて空いているならば、それをフルに利用できることになります。借換えではなく、まったく新規の追加融資を1億円受けることが可能ということです。セーフティネット保証枠の利用残があるならば、その残った保証枠を利用して調達が可能です。

　このあたりは、金融機関にとっても、制度が多様に拡充されているので複雑になり、わかりにくくなっています。一方で、しっかりと理解している金融機関担当者は融資を伸ばすチャンスだと考えて事業者の利用枠を調べ、ゼロゼロ融資の残高に純増分を加えて肩代わり融資を提案する渉外活動をしています。

　事業者自らまたは会計事務所等がこの制度の最適な使い方をわからない場合は、取引金融機関の担当者に、この制度でいくら追加で借りられるのか、

また、その条件はどうなるかを問い合わせてみるのがよいと思います。保証料率は0.2％と低く、借入金利は金融機関所定なので、できあがりではかなり低利率で長期資金が導入できるかもしれません。

　金融機関担当者にコロナ借換保証制度の利用が可能か問い合わせたら、あわてて提案を持って来たというケースがありました。その担当者も追加で融資ができると思っていなかったようで、他行に先を越される前に早めに融資をさせてほしいという話でした。

■ 有事には緊急特別枠から利用すべき

　緊急時に発動された危機関連保証（３階部分）の特別枠を利用してゼロゼロ融資を借りた事業者は、２階部分の利用枠が残っているはずです。その場合、後の資金調達の選択肢が広くなり、資金繰りにもよい結果となっています。一方で、２階部分でも３階部分でもどちらでも利用できることから、安易にセーフティ保証４号の保証枠を利用したケースでは、いまは利用できる保証枠があまり大きく残っていないという差が生じています。有事の特別枠はいずれ取扱い停止となることを前提にして、慎重に保証枠の選択をすべきです。このあたりも財務コンサルティングとして知見が求められる場面です。

■ テールヘビー型融資での組換えという考え方

　図表６－７に図表６－１の金融庁作成資料の一部を抜き出してみました。これらが何を意味するのかを以下で説明します。

① 　設備資金と赤字資金とを区別するとは……コロナ禍の影響で財務状況が悪化し、赤字補填資金として借入れをした場合に、業績が回復したからといって赤字補填借入分を従来の借入金返済に上乗せしてすぐに返済しようとすると資金負担が重くのしかかり、資金繰り不足でせっかく回復途上にあった事業展開がとん挫してしまうリスクがあります。このため、赤字補

長期融資
➤ 設備資金と赤字資金とを区別する
➤ 設備の償却年限と返済年限をそろえる
➤ 赤字資金には将来計画の策定を行う
┌─────────────────────────┐
┆アフターコロナは融資の組換えから┆
└─────────────────────────┘
出所：図表6−1と同じ

填資金の借入れは致し方ない、その分は通常の借入れと区分して時間をかけて着実に返済してもらえばよい、という考え方が金融機関にあることを示しています。

② 設備の償却年限と返済年限をそろえるとは……赤字補填借入分の返済は先送りするとして、そのかわりにコロナ前に設備投資等のために借りていた長期借入金は正常に返済してもらいたい。通常、設備投資は設備の償却年数にあわせて融資を行うのが一般的ですので、残存設備の償却年限と長期借入金の返済年限をあわせるように組み替えることで正常な返済となり、資金繰りの安定化につながるという考え方です。

③ 赤字資金には将来計画の策定を行うとは……まずは設備投資資金が順当に返済されて、次に赤字補填部分の資金の返済が始まる。そして、最終的に何年後に赤字補填部分の借入れが解消となるのかの将来計画を立てる必要があるということを示しています。

では、赤字補填借入分について、このような変則的な返済を可能とする手段があるのでしょうか？　それがテールヘビー型の長期貸付です。テール（お尻）がヘビー（重い）貸付とは、次のようなものです。

たとえば、設備投資を目的とした借入れ3,000万円、赤字補填を目的として借りた借入れ3,000万円の合計6,000万円の借入れがあるとします。設備の平均償却年数が6年とすると、まずは3,000万円を6で割って毎年500万円ずつ返済することにします。

7年目以後、赤字補填分を返済する計画を立てます（償却がない分、税引後で返済原資を考えなくてはいけない場合もあります）。仮に赤字補填分3,000

万円を10年で返済しようとすると、最終的には16年先になってようやく完済できる計画となります。

　その場合、赤字補填分の借入返済を6年据え置き、7年目から16年目までに返済する長期貸付契約をしたいところですが、金融機関も10年超の長期貸付の契約には抵抗があります。こうした場合に用いられるのがテールヘビー型の長期貸付です。

　具体的には以下のような証書貸付契約となります。

・借入金額6,000万円

・6年後に3,000万円を期日一括返済

・金利……○％

　「え？　6年後に期日一括返済なんてできないけど？」それはもちろん金融機関もわかっています。6年後の期日がきたら、3,000万円の新規融資を実行し当初の残高を返済してもらい、そのときにまた何年間の融資にするのかを検討しましょうという形態の融資なのです。変則的ですが、条件変更や劣後ローンではなく、正常な融資です。手続的にも金融機関が単独で進めることができる、救済型の融資の組換えです。

第 **7** 章

アフターコロナの
融資組換え等に際しての補助金

認定支援機関が関与する経営改善計画策定を国が支援

　アフターコロナにおいては、資金繰りの改善のために、民間金融機関のプロパー融資が必要になります。短期継続融資はもちろん、政府系金融機関の資本性劣後ローンを活用する場合にも民間金融機関がリスクをとった融資を行うことが前提となるケースが多いと考えられます。民間金融機関が前向きに融資に取り組むために、経営改善計画の策定が必要となる場合があります。その際に、専門家に経営改善計画の策定を依頼するケースが増えてきています。

　専門家が経営改善計画を策定する場合には、当然に相応の費用が発生しますが、その費用を国が補助する制度があります。補助制度を利用するには「認定経営革新等支援機関」（認定支援機関）の関与が必要です。具体的には、作成する計画書のレベルに応じて専門家等の費用の軽重が異なるので、次の2つの補助制度が用意されています（図表7−1）。

○早期経営改善計画策定支援（比較的簡易な経営改善計画が対象、資金繰りを重視）

○経営改善計画策定支援（リスケや他の金融機関の合意が必要となる金融支援を実施するために専門的で精緻な事業計画を策定する場合）

　この2つの制度はコロナ前からあったのですが、アフターコロナでは支援内容が拡充され、運用面でも利用しやすい制度となりました。2つの補助制度ともに、アフターコロナの資金調達を目的とした経営改善計画だけではなく、経営者保証解除を目的とした経営改善計画も補助対象としています。

早期経営改善計画策定支援
（比較的簡易な経営改善計画が対象）

　これまでは「プレ405事業」という通称で呼ばれていましたが、ポストコロナにおいて中小企業者が本事業を活用して資金繰り等を把握することの重

図表7－1　専門家による経営改善計画策定に対する国の補助制度

	早期経営改善計画策定支援（ポストコロナ持続的発展計画事業）	経営改善計画策定支援	
		405事業	中小版GL枠
補助金額	①計画策定支援費用 ：2/3（上限15万円） ②伴走支援費用（期中） ：2/3（上限5万円） ③伴走支援費用（決算期） ：2/3（上限5万円） ④金融機関交渉費用 ：2/3（上限10万円）	①DD・計画策定支援費用 ：2/3（上限200万円） ②伴走支援費用（モニタリング費用） ：2/3（上限100万円） ③金融機関交渉費用 ：2/3（上限10万円）	①DD費用等 ：2/3（上限300万円） ②計画策定支援費用 ：2/3（上限300万円） ③伴走支援費用 ：2/3（上限100万円）
計画書の内容	ビジネスモデル俯瞰図 資金実績・計画表または資金予定表 計画PLのみでも可 アクションプラン 計画期間は1～5年で任意	ビジネスモデル俯瞰図 会社概要表 資金実績・計画表 計画財務3表（PL、BS、CF） アクションプラン 計画期間は5年程度	「中小企業の事業再生等に関するガイドライン」に基づいた取組みが対象。また、その取組みに必要な第三者支援専門家の手続にかかる費用も補助対象。
金融支援	不要	リスケや新規融資など金融支援を伴うもの	
同意確認	不要（事前相談金融機関へ計画を提出、受取書を取得）	すべての取引金融機関へ計画を提出 すべての金融機関から同意書を取得	
伴走支援	1～12カ月ごとに1年間 （※決算期以外は任意）	1～12カ月ごとに3年間	

出所：著者作成

要性に鑑み、通称が「ポストコロナ持続的発展計画事業」となりました。

　アフターコロナにおいては、既述のように、早めの「資金繰り計画」策定とメインバンク等取引金融機関との計画の共有が重要です。事業者が早期に計画を作成することが、取引金融機関におけるその後の金融支援策の検討に役立ちます。そこで国も、具体的かつ本格的な経営改善計画を策定できない中小企業者等に対して、「国が費用を一部補塡するので、まずは資金繰り計画をしっかり作成しよう」と働きかけているのです。

　中小企業庁のホームページで、質問事項を入力するだけで簡単に資金予定表を作成することができるツールが提供されています。

利用にあたっては中小企業活性化協議会に申請することになりますが、金融機関に早期経営改善計画を提出したことが確認できる書面（金融機関が計画書受け取ったことを示す書面）の取得が申請の要件となっているので、まずは金融支援を依頼する予定の取引金融機関に事前に相談してください。

経営改善計画策定支援（405事業）

　405事業は、経営改善計画の策定を専門家に委託する際にその費用の３分の２を国が補助します。10年以上前から存在する制度ですが、これまでは融資の条件変更、すなわちリスケをする際に、バンクミーティングを開催して取引金融機関全体の合意を取得するための本格的経営改善計画の策定とその後３年間のモニタリング費用を国が補填する制度でした。しかし、コロナ以後、バンクミーティングを開催せず個別に取引金融機関から書面での合意を取り付けてもよいこととなり、さらにリスケ（条件変更）の場合だけでなく、新規の融資を受けるために経営改善計画の策定が必要な場合にも利用できることになりました。

　ある取引金融機関から新規融資を受けるために本事業を利用する場合に、運用上特筆すべきなのは、他の取引金融機関の同意が不要となり、確認という手続のみで利用できるようになったことです。たとえば、複数の銀行から融資を受けている事業者に対して、Ａという銀行がアフターコロナの制度融資（たとえば信用保証協会のコロナ借換保証付融資）を実行する際に、その条件として専門家によるきちんとした経営改善計画の策定を要求する場合（これを受けてＡ銀行は信用保証協会に「経営行動計画書」を提出します）、事業者が本事業を利用して専門家に経営改善計画の策定を委託しようとすると、これまでは他の取引金融機関の合意が必要だったのですが、現在はＡ銀行によるコロナ借換融資実行の事実が記載された経営改善計画書を他の金融機関に提示して、みてもらった（確認してもらった）ことを示すだけですむことになりました。他の取引金融機関の融資にはなんら変更がないので、他の取引金融機関は「そうなんですね」という感じで終わる手続となっています。

経営改善計画策定支援（中小版GL枠）

　GLとはガイドラインの略で、中小企業活性化協議会（前中小企業再生支援協議会）による「中小企業の事業再生等に関するガイドライン」に基づく私的整理を支援する制度です。

第 **8** 章

財務コンサルタントがもつべき
ぶれない論理的思考

財務コンサルタントの論理的思考と経営者の非論理的思考の違い

　中小企業の財務コンサルタントの主たる業務は、会社を潰さないために、潰れにくい会社の財務とは何かを、経営者や会社の財務経理担当者に明示し、その実現に向けて伴走していくことだと思います。

　一方で、経営者の多くが財務数値を念頭に置きながら経営戦略を立てているかというと、そうではないように思います。大胆で発想豊かな経営戦略を常に考え、顧客満足度をいかに高めるか、営業力をいかに伸ばすかを目標にして前進を続けているのではないでしょうか。

　私が財務コンサルタントとして創業からお手伝いしてきた顧問先のなかには、株式上場を目指すような優良企業に成長した会社が数社あります。その経営者たちとはかれこれ20年を超えるお付き合いになります。彼らは、自分は会社を伸ばすためにどんどん進んでいくので、財務面の管理は専門家に任せたいという意向をもっており、それがお付き合いのきっかけになりました。

　その後の彼らの姿をみていると、秀逸な営業力と常に新たな事業展開の機会を見出そうという探求心が彼らの共通した特徴であり、それが会社急成長のけん引力なのだなと感じます。また、経営者とは必ずしも論理的思考に基づいて行動するのではなく、無理なこと、無茶なことにも挑戦したがるものだとも感じています。経営者に「こうしないと会社は伸ばせない！」という強い思いがなければ、著しい企業成長を成し遂げることはできません。

　もし自分が同じ立場だったら、彼らのようなスピードで会社を成長させるのは絶対に無理だと思います。経営者としての器が違うと認めざるをえません。また、財務コンサルタントは事業を伸ばすこと、稼ぐことに関する知見をもっていません。そこは認めて、自分のポジショニングをはっきりさせたほうが、経営者との良好な関係を持続できると思います。

　経営者の胆力に対して、財務コンサルタントに求められるものは「掣肘力」だと思います。掣肘とは他人に干渉し、自由な行動を妨げることです。

胆力
（物事を恐れたり気おくれしたり
しない気力。度胸）

掣肘
（他人に干渉し、
自由な行動を妨げること）

前述したようにアクセルを踏み、ハンドルを握る経営者の横で、ブレーキングと燃料補給を確実に行うナビゲーター役が財務コンサルタントなのだと思います。

　会社を潰さないためには、「このスピードと方向は間違っていないか？」という経営者の問いに対して、「大丈夫！　ここまではアクセル全開でいきましょう」と話したり、「ちょっとスピードが速くて燃料補給（資金調達）に不安がありますから、ちょっと休憩しましょう」と提案したりする役割が重要です。経営者もその声に耳を傾ける存在となり、胆力と掣肘力のパワーバランスがとれた状態にするのが理想的な財務コンサルティングだと思います。

■ 脱サラして居酒屋を開業したい！

　以上を理解してもらうために、事例を用いて説明しましょう。

　顧問先社長からの紹介で、飲食店を開業したいという45歳の男性が相談に

来ました。イタリアンレストランで20年間、シェフを務めているが、その経験を活かして思い切って脱サラし、和洋折衷のユニークな料理を提供するカジュアルな居酒屋を開店したい。知人の居酒屋が近々、閉店するので、その店を引き継ぐつもりである。物件は駅前で、立地もよく、家賃は月額30万円かかる。店の保証金や改装にかかる2,000万円を調達したい。その際に、金融機関に提出する事業計画書を作成してほしい。また、その後も税務、財務の相談に乗ってもらいたいので、顧問にもなってほしいということでした。

その経営者は自分の料理へのこだわりを熱く語り、レストランのコンセプトやメニューの資料を準備していました。

さて、彼に対して私がどのように財務コンサルタントとして掣肘力を発揮したのかを紹介します。

私はこうした経営者の理想や熱い思いを込めた話を聞いたふりはしますが、その内容についてはあまり興味をもちません。それが成功するかどうかは、その分野の専門家でない私にはわからないからです。とはいえ、財務コンサルタントとしては業種ごとに押さえておくべき経営管理指標もありますから、事業内容はどうあれ目標とすべき数値を明示することも重要となります。飲食業であれば、FLRの数値を用いた経営管理が必須です。

創業のときこそ厳しい話を！

創業時の資金調達は、日本政策金融公庫（政策公庫）の融資が軸になりますので、まずは次のように話します。

私 「まずは政策公庫に融資を依頼しましょう。ちなみに自己資金はいくらありますか？」

経営者 「ほとんどありません」

私 「開業のために少しでも貯金をしていませんか？」

経営者 「ないです」

私 「現在は、たしかに自己資金がなくても、創業資金を借りやすくなってはいますが、以前なら少なくとも３分の１は自己資金がないと、2,000万

円という大きな金額は貸してくれませんでした。それは、政策公庫が全額融資をしたくないわけではなくて、開業に際して経営者としての準備がしっかりできているかを確かめたいからです。

　実は自己資金がまったくない場合、開業してもうまくいかないケースが多いそうです。また、政策公庫は創業資金を融資する際に事業者個人の通帳の動きの半年分くらいを確認します。次のような点をみられるので、事前にお話ししておきますね。

・自己資金をどのように貯めたのか、自分の給料から少しずつでも積立しているのか
・クレジットカードや電話料金がきちんと払われているか
・電話料金をコンビニ払いしている場合は、引落しができずに電話を止められたことがあるので、口座振替をやめたのではないか
・自己資金はあるといっているが、親族ならともかく第三者から調達していないか。その場合、どのような返済となるのか」

経営者　「厳しいですね。知りませんでした。100万円くらいしか自己資金がないので、親から300万円くらいは借りようと思っていました」

私　「承知しました。ところで、F、L、Rという用語はご存じですか？」

経営者　「なんですか、それ？」

　（飲食業に長い間、従事しながら、しかも、これから経営を始めるのにFLR率を知らない？　自己資金もなし。これは考えが甘すぎるぞ。独立に反対すべきだろうかと思いながら、質問を続けます。）

私　「Fは材料費、Lは労務費、Rは賃料で、売上げに対するそれぞれの比率を測る指標です。F＋L＋R合計で70％を超えてしまうと飲食業は儲からないといわれています」

経営者　「やってみないとわからないと思って具体的には考えていませんでした。というか知らなかったです」

私　「では、計画をつくるにあたって教えてください。席数は25席ということですが、顧客平均単価は税込みでいくらですか？」

経営者　「5,000円くらいかと」

私　「人件費はどのくらいを考えていますか？」

経営者　「アルバイト５名を採用予定で、月10万円×５名の予算を立てています」

私　「経営者としての報酬はいくらとりますか？」

経営者　「サラリーマン時代が平均月40万円ですから、最低そのくらいは欲しいです」

私　「では、社会保険料込みで50万円としておきましょう。営業日数は？」

経営者　「月25日です」

私　「材料費Ｆの比率はどうですか？」

経営者　「やってみないとわからないかと……」

私　「その他の経費はどうですか？」

経営者　「20万円くらいかかるかなと思っています」

私　「飲食事業の売上げは顧客単価×席数×回転数で考えますが、顧客単価×席数は聞きましたので回転率はどうでしょうか？」

経営者　「SNSなどうまくやって人気が出てくれれば、２回転くらいはいくのかなと思っています」

　ヒアリングした情報は、Ｆ（材料費率）不明、Ｌ（労務費）100万円、Ｒ（賃料）30万円、客単価5,000円、営業日数25日、回転率200％です。ひとまず依頼者がイメージしている事業計画をつくってみましょう。多分こんな計算プロセスではないかと思います。

・5,000円×25席×（2.0回転……こだわりのメニューで人気店化し客が絶えない！）×25日＝売上げ625万円……①

・材料費率30％（こだわりの食材を豊富に使うということだが、わからないので居酒屋平均値の30％とする）……②

・売上総利益（粗利）は①×70％＝437万円

・人件費は100万円、家賃30万円、その他経費20万円

・以上の結果、毎月287万円の利益を目標とする（図表８−１）。借入金2,000万円はすぐに返せる！

図表 8 - 1　依頼者の事業計画イメージ

目標売上高	625万円（月）	
人数（日）	50人	
席数	25席	
回転率	200%	
月次稼働日数	25日	
客単価（税込）	5,000円	
F　材料費	187.5万円	30%
L　人件費	100万円	16%
R　家賃	30万円	5%
	317.5万円	51%
その他経費	20万円	
事業収益	287.5万円（月）	

上から下に計算
売上げから計算を
始める思考経路

出所：著者作成

確実に返済するためのキャッシュフローから計算を始める財務コンサルティングの思考経路

　さて、ここからは私（財務コンサルタント）としての思考経路を紹介します。

　まず償却年数10年と仮定して、返済期間は償却年数にあわせ10年とします。借入金が2,000万円なので、年間の返済額は2,000万円÷10年＝200万円ですが、返済原資は事業キャッシュフローの8割で計算するのが原則ですから、年間で200万円÷0.8＝250万円の事業収益が必要です。月当りにすると、250万円÷12カ月＝20.8万円、つまり毎月約21万円の事業収益があればよいということになります。

　次に月21万円の事業収益を残すための売上高はいくらか→そうすると1日

の売上高はいくらなければならないか→そのための回転率はどうか、という順番で計算をしていきます。経営者の計算とは逆に、最終的に必要とされるキャッシュフローから必要な売上高を逆算していくわけです。実際に私の計算方法を紹介します。

　Aを必要な毎月の売上高として、エクセル等を利用して、「21万円＜A－A×（F率＋L率＋R率＋その他経費率）」の算式を満たすAを求めるわけですが、その際に居酒屋の業界平均値であるF（材料費）率30％、L（人件費）率30％、R（家賃）率10％、その他経費率20％で営業利益率10％という数値を参照します（これらの業種平均の数値などは、コンサルタントとして知見をもっていなくても、インターネットで簡単に調べることができます）。経営者の熱い思いは横に置き、この数値を当てはめてみます。

　事業収益が21万円となる売上高を求めるために、席数と客単価は固定、変動費も決めましたので、残る要素は回転率です。回転率を動かしてシミュレーションした結果、回転率90％、月次売上高が255.7万円あれば21.1万円が確保できるという結果となりました（図表8－2）。回転率を想定する際には客席稼働率も考慮します。25席が満席となるケースはほとんどなく、テーブルは満卓でも客席は空きがあるのが実態です。一般的なレストランの場合、この稼働率は60％程度といわれています。また、回転率は1日1～2回転が平均といわれていますので、この数値の平均値を用いて計算すると、60％×150％＝90％となります。回転率90％は計画数値として妥当性かつ実現性のある数値だといえます。よって、計画上の売上目標は図表8－2の255.7万円をMAXとします。

　また、そういえば経営者は人件費を100万円といっていましたが、255.7万円の売上高を前提にして21万円の事業収益を確保するためには、人件費は76.7万円に抑えないといけません。まずはパート2～3名あたりでスタートし、回転率が上昇するようであれば人員増加を考えるということでしょう。経営者に対しては、回転率が上がるまではなるべく少人数で回すべきと助言することになりそうです。

　もっというと、食材にこだわるとのことですから、材料費率を35％にして

図表 8 − 2　財務コンサルタントの事業計画イメージ

	255.7万円（月）	
人数（日）	22.50人	
席数	25席	
回転率	90%	
月次稼働日数	25日	
客単価（税込）	5,000円	
F　材料費	76.7万円	30%
L　人件費	76.7万円	30%
R　家賃	30.0万円	12%
	183.4万円	72%
その他経費	51.1万円	20%
事業収益（20.8÷21）	21万円（月）	

下から上に計算
返済原資から計算
を始める思考経路

出所：著者作成

人件費率を25％に抑えたいところです。食材にこだわるなら、人件費を抑制しなくてはいけません。経営者の報酬は当面抑え気味でスタートしたほうがよいといわざるをえません。

　知人の居酒屋がなぜ閉店するのかも気になるところです。この物件が100点満点ということはないでしょう。ここはあわてず、半年でいいから少しでも貯金をして、預金口座にその履歴を残し、その間にしっかりと市場調査やFLR率を検証して慎重にスタートしてもいいかもしれません。アフターコロナの居酒屋の資金調達はかなり厳しくなっていますから。

　それでも経営者がどうしてもいま開業したいという場合は、会社を潰さないための財務コンサルタントとして、ここからさらにシビアな計画に仕上げます（図表8−3）。これに基づき、経営者に対しては次のようなアドバイス

をすることになります。

・売上高は約200万円を上限にします。

・回転率を保守的に70％とみました。

・材料費率は業界平均より高い35％としますので、他社とうまく差別化しましょう。

・人件費率は25％にしたので、月50万円です。経営者報酬40万円を確保すると、アルバイトは1名が限界ですね。忙しいときに、奥さんは手伝えませんか？

・経費は毎月28万円以内に抑えてください。

・大家さんにお願いして家賃を安くできませんか？

・設備投資もできる限り抑えましょう。軌道に乗ったら本格リニューアルでいかがですか？

図表8－3　会社を潰さない事業計画イメージ

	198.9万円	
人数（日）	17.50人	
席数	25席	
回転率	70%	
月次稼働日数	25日	
客単価（税込）	5,000円	
F　材料費	69.6万円	35%
L　人件費	49.7万円	25%
R　家賃	30.0万円	15%
	149.3万円	75%
その他経費	28.0万円	14%
事業収益（20.8÷21）	21万円	（月）

出所：著者作成

・まずは半年やってみて、この事業計画に照らして実績の数値を確認しながら、人の採用、メニューの構成などを考えたほうが安全ですし、金融機関にもそのように説明したほうが融資を受けられる可能性が高いです。
・経営者として、回転率の増加に注力してください。

　こういう意見、助言を経営者に伝え、この数値で事業計画を策定し、金融機関に提出しますねと伝えます。業界平均など根拠のある数値を用いているので、金融機関からみて実現可能性の高い計画になっていると思いますと申し添えます。

経営者の話を聞きすぎない

　結果として、依頼者の話をほとんど反映しない計画となってしまいました。でも、私が携わる事業計画の策定支援はこういったケースがほとんどです。私は財務コンサルティングを目指す会計事務所の職員や当社が業務提携しているエフアンドエム社の若手コンサルタント向け研修で次の言葉をよく伝えます。

> 皆さんは計画策定において経営者の話を聞きすぎる

　経営者が考える事業計画とわれわれが策定する計画は別物でいいのです。経営者が会社をもっと大きくすること、利益を伸ばすことを目指し、夢を盛り込んだ計画をつくって会社内部で共有することは重要です。しかし、資金調達のために金融機関に提出する計画は、金融機関が納得できるものでなければなりません。両社が別物であってもまったく問題はありません。

　そういうと、経営者や事業者の財務担当者は不思議な顔をするかもしれませんが、経営者が何といおうが、金融機関にはこの計画でよいのですから任せてくださいと伝えます。論理的思考に基づき、金融機関から高い評価を受けられる事業計画を作成できれば、結果として財務コンサルタントと経営者との信頼関係も向上するのです。

経営者の考え方とは真逆で、経営目標や管理すべき数値も異質な事業計画であったとしても、経営者にとっては自分の想定する数値や、注力すべきところが間違っているかもしれないと反省する材料になります。加えて、それで資金調達がスムーズに進んだ場合、経営者は「ひとまず、このコンサルタントのいうとおりにしてみるか」という気持ちになるようです。

　その後、私がつくった保守的な計画に基づいて予実管理をしていくことになると、そもそも保守的な計画なのですから、計画に対して実績が上振れすることが多いのです。予実管理をやっていても楽しい作業が続きます。上振れした際には「さすが社長！　私の計画が保守的すぎましたね。お見事です！」と褒めてあげると、経営者は本当に喜びます。

　私と長く顧問契約が続いている経営者は、自ら経営目標数値を掲げなくなりました。私がつくる保守的な数値の必達を目標にしてくれます。それにより金融機関から高い評価を受けることができ、目標を達成した喜びも体感できるからだと思います。

会社を潰すか、潰さないかは初めから決まっている？

　会社の存続率は、設立後3年で65％、10年で6.3％、20年で0.39％といわれています。つまり、創業からわずか10年の間に9割近くの会社が消えていくということです。

　潰れにくい会社になるか、潰れやすい会社になるかは、経営者の考え方ひとつで決まると思います。実は事業立上げのステージにおける経営者の考え方で、すでに勝敗が決まっているのではないかとも思うのです。財務を意識した事業の広げ方を理解している経営者が失敗する確率は低いと感じますし、本章の事例のような経営者が何の助言もないまま開業した場合、その持続可能性には不安を感じます。

　創業時から財務力向上の重要性を経営者に意識させ、企業の成長ステージごとに資金調達と数値管理の面で適切な伴走支援ができれば、その財務コン

サルタントは経営者にとってかけがえのない信頼できる相談者になるでしょう。

第 9 章

FASコンサルティングとは

認定支援機関業務と財務コンサルティング

　ここまで述べてきた、私が提供する財務コンサルティングモデルには特徴があります。前章の事例のように、経営者の意向に沿った事業計画を作成するのではなく、財務的な視点で策定した計画をベースに事業モデルそのものを構築、見直していくコンサルティングです。会社を大きくすることよりキャッシュフローを重視して、会社を潰さないように資金繰りの安定を図ることを第一義としています。

　現在、私は認定支援機関業務の専門家として、認定支援機関となっている全国の会計事務所に対して認定支援機関実務のサポートを行っています。そのなかで、認定支援機関業務そのものを中小企業の財務コンサルティングモデルに見立てることができることに気づきました。認定支援機関業務で実践できる支援内容が、中小企業の財務力の向上だけではなく、キャッシュフローの確保、資金繰りの安定化につながるものが多いからです。

　そこで、認定支援機関としての機能を活用した財務コンサルティングのモデルを中小企業の伴走支援モデルとして、もっと世の中に広めていくことができるのではないかと考えました。このモデルをFASコンサルティングと名付け、私が関与する経営革新等支援機関推進協議会の会員の先生方に伝えています。なお、FASコンサルティングのFASはFinancial Advisory Serviceの略で、キャッシュフロー確保を重視した財務コンサルティングのポジショニングをより明確にしたコンセプトです。

会計事務所や金融機関の職員にとってなじみやすい経営支援モデル（餅は餅屋）

　金融機関はアフターコロナにおいて政府から、金融支援に加え本業支援に向けた積極的な活動を求められています（図表9－1）。

　また、会計事務所業界にはMAS監査というコンサルティングモデルがあります。MAS監査とは、先見経営・先行管理の仕組みの提供により、目標

図表9−1　政府が金融機関に求める企業支援

➤ 融資のみならず経営支援サービス全般を提供し、企業の価値向上を支援する

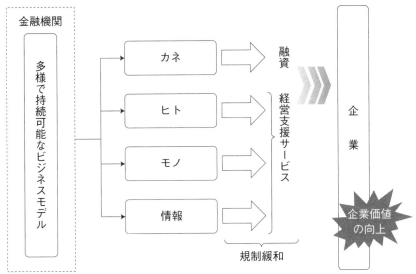

出所：金融庁「金融庁におけるコロナからの地域経済再生に向けた取組み（2021年10月）」

達成できる経営体質づくりを支援する経営サポートとされています。

　金融機関による本業支援と会計事務所によるMAS監査のどちらも、金融機関や会計事務所が中小企業の経営に深く入り込み、その業種特性や事業内容を理解しながら経営戦略の立案その他の経営サポートを行うことを期待されています。

　しかし、こうした支援には、コンサルタントとしての経験や知見、さらには相応の時間の提供が必要で、本当に期待されるレベルの支援が現実的かどうかに疑問を抱きます。金融機関も会計事務所も、人的・時間的な資源が慢性的な不足状態にあり、本格的な経営支援をしたいのはやまやまだが、実際にはなかなか満足のいく内容の支援がむずかしいというのが実情となっています。

　したがって、私は、数値とお金を取り扱うのを本業とする金融機関と会計事務所が「餅は餅屋」として専門性を発揮できる機能、つまり財務に関する

アドバイスに特化すべきであると思うのです。中小企業の資金繰りを安定させ、財務を改善するにはどうするか。潰れない会社づくりの指南役に特化するコンサルティングモデルがFASコンサルティングです。

認定支援機関業務が財務コンサルティングモデルであるといえる理由

私が提唱するFASコンサルティングモデルは、財務に2つの機能を加えて、3つのFで始まるサービスを掲げています（図表9－2）。

金融支援以外に優遇税制や補助金を活用した支援業務が網羅されているのが、認定支援機関業務の特徴です。一見、種類が異なる支援業務のようですが、これらは結局、中小企業の資金繰りの安定、改善につながる施策なのです。

FASコンサルティングの実践事例

ある製造業の事業者から、老朽化した機械を新しくしたいので、設備投資を目的とした融資を申し込んだが、金融機関が快く引き受けてくれない、ど

図表9－2　FASコンサルティングの3つのF

1つ目のF……Financial：潰れない会社になるための財務づくり
2つ目のF……Find：問題点を数値で見える化
3つ目のF……Full Support：さまざまな支援策の活用（優遇税制や補助金の活用） 〈認定支援機関ができること（認定支援機関固有業務）〉 ・金融支援に係る補助制度（早期経営改善計画、405事業） ・優遇税制の活用支援（事業承継税制、先端設備導入計画） ・補助金の活用支援（ものづくり補助金、事業再構築補助金、事業承継引き継ぎ補助金）

出所：著者作成

うすればいいかという相談がありました。この案件を通じ、実際に中小企業の支援業務でどのようにこの3つのFを提供するのかを紹介したいと思います。

(1)　1つ目のF……Financial：潰れない会社になるための財務づくり

　融資が断られてしまうということは、会社が金融機関から「潰れやすい」とみられている可能性がありますので、どんな財務上の問題があるのかを検証します。この会社の直近の決算書をみると、直近決算でキャッシュフローがマイナスだったので、金融機関にとっては返済原資が出ないかもしれないという点が問題だろうと推測できました（潰れやすいとみられる2つの指標、自己資本と債務償還年数のうち、債務償還年数に問題あり）。こうした財務診断が、1つ目のFの実践です。

(2)　2つ目のF……Find：問題点を数値で見える化

　そこで、なぜキャッシュフローがマイナスになったのかを確認します。売上高総利益率が同業に比べて低いという分析ができました。その理由を聞いてみると現在受注している製品は競争の激しい量産品であるということと、そもそも収益があがりにくい事業環境にあるとのことでした。経営者は利幅が薄いのは当たり前と思っていたようですが、業界平均を下回るとは思っていなかったようです。他社に比べて利幅が低いという分析により、当社の収益性の低いことを明示（見える化）することができました。

　また、今回融資を断られた設備投資については、現在保有している設備が老朽化したので新しくしたいと金融機関に説明しただけで、新たに設備投資を行ってキャッシュフローを改善できる根拠を説明することはできなかったとのことでした。ということは、新規設備投資をしても、現在の利益率のままだとすると、前期決算のキャッシュフローのマイナスを埋めるような改善効果があるとはいえず、金融機関からは返済原資がみえてこないのだから融資は厳しいと判断されている可能性があると経営者に解説できました。

さらに、今般の設備資金導入でどこまで収益性が改善できるかを分析することが必要だと伝えたところ、「不良品が少なくなり歩留まりが向上する。また、生産スピードも上がるので人件費も抑制できる」との漠然とした回答だったので、その計算をより正確に、つまり金額にしてみました。残念ながら、設備投資の資金を回収できるようなキャッシュフローの改善が見込めないことが確認（見える化）できました。これも2つ目のF（Find：問題点を数値で見える化）の効果です。

(3)　3つ目のF ……Full Support：さまざまな支援策の活用
（優遇税制や補助金の活用）

　それでは、「予定している設備よりグレードアップした先進的な設備を導入できれば、収益性の高い商品を受注できる可能性はあるのか？」、また、「最近、新しい引合いがあるのか。その際に設備が古いので対応できないことを理由に失注したケースがないか？」を聞いてみると、新しい部品製作の具体的な引合いがあることがわかりました。そこで、当初予定していた現有機械と同等の設備ではなく、業界的にも先端的といえる工作機械を導入してはどうかと提案すると、「もちろん、新しい先進的な設備はほしいし、それで獲得できる受注もあるが、機械は高額で手が届かない」との回答でした。

　「もし、その機械が3分の1の資金負担で取得できるならば、いかがですか」と聞くと、経営者は「ぜひやりたい」と乗り気になり、ものづくり補助金にチャレンジすることになりました。当初融資を渋っていた金融機関は、「先端設備導入の効果は期待できそうだし、補助金で必要額の3分の2をカバーできるなら問題はない。採択されたら、ぜひ融資を引き受けたい」という姿勢に変わりました。

　さらに、私は優遇税制である先端設備導入計画を活用して償却資産税の減免も支援することにしました。このパターンが認定支援機関業務の成功事例として少なくないのです。設備投資にあたっては融資、補助金、優遇税制をセットにする。それが経営革新等支援機関推進協会の定番の支援メニューとなっているのです。これが3つ目のF（Full Support：さまざまな支援策の活

用）です。

　この３つのＦで新規顧問先獲得や既存顧問先との関係強化を図っている会計事務所が続々と誕生しています。

第 10 章

中小企業の自己資本を極める

中小企業の自己資本には6つの種類がある

　会社が潰れにくいか、潰れやすいかの判定においては、「自己資本」と「債務償還年数」の2つの指標が重要な判定のポイントとなるので、それぞれの指標についてより専門的に理解を深めておきましょう。本章と次の章は、「中小企業の財務コンサルタントとしてはここまで知っておけば十分」という専門的な内容となります。

　中小企業には6つの自己資本があります。まずは、

① 　決算上の簿価の自己資本

です。決算上の数値を補正することなく、そのまま算定した自己資本です。

　続いて、時価の自己資本になりますが、これには次の3種類があります。時価の自己資本の②は私が付け加えた考え方です。

② 　事業者自らが自己分析する実態の自己資本（自己分析ベース）

③ 　金融機関からみた実態の自己資本（継続企業ベース）

④ 　金融機関からみた、より厳しい査定を行って算出する自己資本（全資産時価ベース）

　そして、中小企業には中小企業ならではの特性があるので、それらをふまえ、金融機関が救済的な目線でみる自己資本のとらえ方があります。これを、

⑤ 　中小企業特性反映後の自己資本

と呼んでいます。

　最後に、

⑥ 　金融機関がなんらかの資本増強につながる金融支援を行った場合の自己資本

があります。

　金融機関が融資先の中小企業が債務超過かどうかを判定する方法には、このように多くの種類があるのです。どのような視点に基づいた評価かは、経営改善計画書に記載すべき事項でもありますので、しっかりとそれぞれの違いを理解しておきましょう。

図表10-1 中小企業の6つの自己資本

①	決算上の簿価	形式上の自己資本
②	時価(1)自己分析ベース	会社が自己分析する実態の自己資本
③	時価(2)継続企業ベース	金融機関からみた実態の自己資本
④	時価(3)全資産時価ベース	③より厳しい査定を行い算出する自己資本
⑤	中小企業特性反映後	中小企業として緩和してみる自己資本
⑥	金融支援後	金融機関による支援後の自己資本

出所：著者作成

事業者自らが自己分析する実態の自己資本（自己分析ベース）

　②は事業者が自ら行う資産負債の実態評価に基づく自己資本額です。事業者側では、決算書上は資産超過で問題ないと思っていても、金融機関の目線で資産価値をみれば、本当にその金額の価値があるのか気になる資産項目もあります。そこで、自社の自己資本の時価価値がどのくらいあるのかを分析してあげることも財務コンサルティングの重要な業務です。この業務をレントゲン検査にたとえ、決算申告時などに資産負債査定の機会を設け、経営者に資産負債の実態をヒアリングし、実態として資産超過かどうかを自己判断することを推奨してはどうでしょうか（後述）。

　財務コンサルタントとしては、不良化してしまっている資産等があれば、その内容をできる限り把握し、その影響の度合いが大きい場合、対応策を考え、経営改善計画の策定作業を進めるべきだと思います。金融機関も把握しにくい財務（資産負債）の実態を早めに、かつ深くつかむことが重要で、経営者が気づいていない金融機関の視点（「銀行からは、このようにみられているかもしれない」という視点）を伝え、会社の自己資本に関する懸念、問題点を顕在化し、できればその内容を金融機関にも早めに開示していくことが、円滑な資金調達環境の維持につながると考えます。

建設業者は経営審査を気にする

　建設業においては公共工事受注のために「経営審査」という財務状況の評価手続が要求されます。当期利益が赤字となると評点が下がってしまうので、利益が出るように、仕掛工事の金額を多めに調整するなどして、赤字を回避するケースもあります。こんな財務コンサルティングの案件がありました。

　赤字を避けるために仕掛工事の残高を多めに計上し、当期利益を取り繕う作業を繰り返していたら、どんどんその残高がふくらんでしまいました。過大にみえる仕掛工事の金額に取引金融機関も不信感を抱き始め、追加融資に難色を示すようになりました。そこで、他の金融機関に新規融資を申し込んだところ、やはり断られてしまい、どうしたらいいかわからなくなってしまったという相談です。

　私は、会計上の貸借対照表（BS）に加えて、いち早く実態のBSを作成し、まずはメインバンクの金融機関に対し、両者の乖離の背景には経営審査の過度な重要視があったという事情を説明すべきだと提言しました。これを受けて経営者は金融機関に、今後は実態に引き直した財務をしっかり開示するので、必要な運転資金等の供給を継続してほしいとお願いし、経営改善計画の策定と月次のモニタリング報告を条件にことなきを得ました。

　経営者はすべて鮮明に状況を開示することを怖がり、躊躇しましたが、「すでに追加融資が行き詰っている状況下、この方法しか選択肢はない」と苦言し、納得してもらいました。このケースのように問題が深刻になる前に、取引金融機関に対して財務状況の実態を開示し、解決策を共有していたら、資金調達の心配から解放され、経営者の意識はもっと営業拡大に向かえただろうと思います。実態財務を開示した後、その会社はずっと黒字経営を続けています。

金融機関からみた実態の自己資本（継続企業ベース）

　金融機関がすべての融資先について、その資産や負債を時価評価することは現実的ではありません。たとえば、棚卸資産の時価評価を本格的に行おうとすると、保有在庫の実態を確認するために倉庫などを調べたり、市場価格を調査したりする必要があります。それは金融機関には不可能です。

　したがって、そもそも事業を継続している限り、在庫を処分した場合にいくらになるかというような清算価値を査定する必要はないので、在庫が適正な水準で推移していれば、簿価ベースの価値があるだろうという判断をしています。また、不動産については、事業用であれば収益を生み出す資産なので含み損益は考慮しません。

　事業が正常に継続している場合はすべての資産を時価評価するのではなく、収益を生んでいる事業資産は基本的に簿価で認識しようという考え方が継続企業ベースの時価評価＝実態自己資本の考え方です。このように正常に返済が行われている事業者の財務については、継続企業ベースでの査定にとどめているのが実態といえます。

　しかし、継続企業ベースとはいえ、あまりにも実態からかけはなれた資産科目については減損するという目線があります。たとえば、棚卸資産についていえば、金融機関は業種平均の棚卸資産回転期間のデータをもっていますので、そのデータに照らして棚卸資産額の妥当性を確認しています。回転期間が平均を大きく上回るような水準の場合、金融機関が利用する財務分析プログラムで、「過剰在庫の危険あり」または「最悪のケースでは粉飾性在庫計上の可能性あり」というシグナルが表示される仕組みとなっています。

　売上債権も同様に回転期間が過大の場合は注視するようにしています。もっとも、勘定科目の詳細な中味を検証するわけにはいかないので、売上債権や未収金等の回収可能性や換金価値については、事業者に対するヒアリングを通じて正常性を判断するしかないのが実情です。いずれにしても、決算上の簿価を基本とし、そこに若干の修正を加えたものが、③の継続企業ベースの自己資本です。

金融機関からみた、より厳しい査定を行って算出する自己資本（全資産時価ベース）

　ところが、返済条件変更（リスケ）や私的整理など事業継続が正常とはいえない状態になった場合には、より精緻な財務査定（財務デューデリジェンス）が必要となります。条件変更などの金融支援を伴う経営改善計画の策定においては、原則的にすべての資産の時価評価を行い、より正確な実態自己資本の把握が求められます。それが④の全資産時価ベースの自己資本です。

中小企業特性反映後の自己資本

　中小企業は、自己資本が大企業に比べて小さいので債務超過となりやすく、手がけている事業分野が狭いので債務免除やリストラを断行しても黒字化や早期の債務超過解消がしにくいという面があります。さらに、「企業とその代表者等との間の業務、経理、資産所有等の関係は、大企業のように明確に区分・分離がなされておらず、実質一体となっている場合が多い」とされています。

　そこで、⑤の中小企業特性反映後の自己資本は、④の全資産時価ベースの自己資本額に中小企業特性の項目を加算して求めます。中小企業特性考慮の主な加算項目としては、代表者（連帯保証人）の保有不動産の時価価値、役員からの借入金などがあります。また、代表者個人への貸付などの資産を減額する場合もあります（図表10−2）。

金融支援後の自己資本

　全資産の財務デューデリジェンスを実施し、厳しい目線で実態自己資本を調査した後、⑤の中小企業特性まで反映した実態自己資本は、金融機関等の債権者からみて妥当性のある実態自己資本であると判断されます。どの金融機関も納得がいく査定ということになります。

図表10-2　中小企業特性反映後、金融支援後の自己資本

自己資本の判定の種別	金額	
①簿価上の自己資本額	500	◀簿価ベース
財務会計上の修正事項	▲1,200	
売掛金のうち、不良債権	▲400	
在庫のうち、不良在庫等	▲500	
有形固定資産の減価償却不足	▲200	
未払金の簿外債務	▲100	
③財務会計上の修正反映後の自己資本	▲700	◀継続企業ベース
含み損益等の修正事項	▲200	
不動産の含み損	▲200	
④含み損益等の修正まで反映した自己資本額	▲900	◀全資産時価ベース
中小企業特性に基づく資産評価等	0	
代表者所有土地	300	
代表者個人借入れ	▲400	
役員借入金	100	
⑤中小企業特性反映後の自己資本額	▲900	◀中小企業特性反映後
資本性劣後ローン	1,400	
⑥金融支援後の自己資本	300	◀金融支援反映後の自己資本

出所：著者作成

　さて、⑤の実態自己資本がマイナス=債務超過であるとします。その際、
５年もしくは10年で債務超過の解消ができる計画（実抜計画、合実計画）が
策定できれば、対象となる事業者は不良債権先とはみなさず（正常先か、要
注意先となります）、新規融資の検討もできますが、10年でも債務超過が解消
できない場合、すなわち合実計画が策定できない場合には原則として不良債
権先となり、新規融資ができないということになります。

　そこで、金融機関としては取引先の救済に経済合理性があると認められれ
ば、債務超過解消に向けて金融支援策を講じることがあります。具体的に
は、債務免除またはDDS（資本性劣後ローン等）の導入を行えば、一気に事
業者の債務超過を解消することができます。しっかりと財務デューデリジェ

ンスを行い、中小企業の特性も考慮したうえで、どうしても再生のゴールが
達成できない場合に、最後は金融機関が泣くしかないという状況になって検
討されるのが⑥の金融支援後の実態自己資本です。

　ちなみに、財務デューデリジェンスは、いくら金融支援（DDS等）を行え
ば不良債権とみなさなくてもよいのかを判断し、金融支援をする際に必要な
査定作業です。金融機関はこのプロセスなくして、身を切るような金融支援
には応じられないルールになっています。

実態自己資本の自己分析はレントゲン検査

　財務コンサルタントとして潰れない会社づくりのためにぜひやってみても
らいたいのが、会社の実態自己資本の自己分析です。経営者は通常、損益計
算書（PL）目線で経営していますので、貸借対照表（BS）を意識することが
あまりありません。

　そこで、決算申告時には「会社の健康診断のためにレントゲンを撮りま
しょう」と提言して、かなり厳しめの自己資本の実態価値の分析をしてみて
はいかがでしょうか。レントゲンには、表面からはみえない体の内部を映し
出す機能があります。それと同じように、会社内部（実態）の状態を映し出
そうという試みです。

　金融機関が通常時にみる実態自己資本（③の継続価値ベースの自己資本）
は、厳しい目線とはいえないでしょう。そこで、会社側が認知している保有
資産の実態を織り込んで、概算で構いませんので、②の自己分析ベースの自
己資本を定期的に算定することにより、会社の潰れにくさ（潰れやすさ）を
示すことができます。それによって経営者にBSを大切にする意識を伝えた
いのです。

　経営革新等支援機関推進協議会では、「事業価値診断報告書」という実態
自己資本の把握を行うツールを会員に提供しています（図表10－3）。決算上
のBSから出発して、資産科目ごとに実態調査、修正を検討する際のフォー
マットとしてご活用いただいています。

図表10-3　甲社の事業価値診断報告書

2023年3月末時点の貸借対照表を時価修正します。　　　　　　　　（単位：千円）

科　目	簿　価	修正額	時　価	特記事項
現預金	23,911		23,911	
売上債権	32,603		32,603	
棚卸資産	42,138	▲8,428	33,710	20%減損
立替金	18,345	▲11,007	7,338	取り立て不能分あり
その他	8,137		8,137	
流動資産計	125,134	▲19,435	105,699	
建物	33,445		33,445	
建物付属設備構築物	0	0	0	
機械装置	0		0	
車両運搬具	8,766		8,766	
工具器具備品	2,217		2,217	
土地	45,224	▲11,786	33,438	固定資産税評価額
役員貸付金	20,000	▲20,000	0	
差入保証金	2,000	▲1,000	1,000	
投資有価証券	25,661	▲10,000	15,661	子会社株式減損
その他	21,596	5,100	26,696	生命保険解約差益
固定資産計	158,909	▲37,686	121,223	
資産計（①）	284,043	▲57,121	226,922	◀時価資産
支払手形	28,221		28,221	
買掛金	32,464		32,464	
未払金	12,579		12,579	
短期借入金	45,000		45,000	
その他流動負債	1,553		1,553	
長期借入金	106,735		106,735	
その他固定負債			0	
負債計（②）	226,552	0	226,552	◀時価負債
資本金	10,000	0	10,000	
剰余金等	47,491	0	47,491	
評価差額（①-②）		▲57,121	▲57,121	
資本計（①-②）	57,491	▲57,121	370	◀時価純資産
負債・資本計	284,043	▲57,121	226,922	

出所：著者作成

事業価値診断報告書の活用例

　では、実際にあった事例をもとに事業価値診断報告書をどのように活用できるかを紹介しましょう。図表10－3に婦人服製造卸業甲社の事業価値診断報告書を示します。

〈甲社の概要〉

・業種……婦人服製造卸

・売上高……約3億円

・直近決算……経常利益300万円、キャッシュフロー500万円

・役員報酬……800万円（役員は代表者1名のみ）

・棚卸資産回転率……当社1.68、業種平均1.5（経済産業省「中小企業実態基本調査」より）

　甲社の有利子負債は1億5,173万円、図表10－3の簿価欄だけをみている限り、金融機関の評価は次のようになるでしょう。

・簿価ベースで総資産284,043千円に対して自己資本57,491千円ですから、自己資本比率は20％（57,491/284,043＝20.2％）となる。資本基盤は問題なく、比較的良好である。

・在庫水準に問題はない。

・役員貸付金20,000千円は、役員報酬で返済できない金額でもないので、減損はしない（仮に減損しても債務超過に至るわけでもないので、ひとまず問題にせず）。

・土地や建物は事業性の資産なので簿価のまま評価（遊休資産ならば時価評価は必要）。

　これらの査定から、BSには問題がないと判断されると思います。債務償還年数は以下のとおり27.5年と問題がある水準ですが、キャッシュフローもプラスで推移しており、アフターコロナにおいてはひとまず問題がないと判断されるでしょう（債務償還年数の計算式は次章で詳細に解説します）。

・（有利子負債（151,735千円）－経常運転資金（14,056千円））÷キャッシュフロー（5,000千円）＝27.5年

それでは会社側の厳しめの自己診断（レントゲン検査）の具体的な方法をみてみましょう。経営者から次のようなヒアリングを行います。

私　「売上債権には不良資産なしですね。棚卸資産も金融機関からみると問題がないとされる水準ですが、在庫の価値をシビアにみると、どの程度減損しておけばいいでしょうか」

経営者　「物流遅延で季節またぎの在庫があり、来期売り切れるかどうか懸念があるので、シビアにみて2割減というところでしょうか」

私　「その他の資産で回収不能な資産はありますか？」

経営者　「実は立替金で不良化しそうなものがあります。A社の立替金11,007千円のぶんです」

私　「役員貸付金はすぐに会社に返済できますか？」

経営者　「実は私への貸付となっていますが、義理の兄の会社の経営が厳しいとのことで貸しました。すぐには戻らないかと……」

私　「差入保証金の償却と保険解約時の返戻金を教えてください」

経営者　「こちらです」

（該当資料入手）

　その後、ヒアリング結果を反映した図表10－3の事業価値診断報告書をもとに経営者に説明しました。その際の実際のトークのイメージを記載してみます。

私　「お伺いした情報から各資産科目の評価額を修正しました。また、土地と建物は簡易評価として固定資産税評価額で査定しました。これらをふまえると、この報告書のとおり、実態自己資本は370千円となりました。

　　　これが、厳しめにみた貴社の自己資本額です。ギリギリ資産超過です。忌憚なくお話をしますが、潰れにくい会社の財務としては自己資本比率10％以上が望ましいとされますので、改善すべき水準にあります。

　　　自己資本は、会社としてもっている資産のうちどれだけ自分の財産として保有できているかを示します。これがギリギリということは、ほとんど負債で資産を保有している状態で、自分の財産となっていないことになります。負債は返さないといけませんので」

経営者　「これまで会社を経営し続けてきて、自分の資産がほとんどないというのは悲しい気分になりますね」

私　「中小企業は実態でみると債務超過に陥っている企業が多いといわれています。

　貴社の財務は、決算書の表面上の簿価からすれば、金融機関の目線でみても優良な財務状況だといえます。

　でも、教えていただいた実態からすると問題ありですね。

　あと2,500万円〜3,000万円の内部留保の積上げがあれば、シビアにみても問題はない「潰れにくい会社」の仲間入りができます。そのための経営改善計画を策定して、着実に内部留保を積み上げていきましょう。

　節税もよいことですが、最終的には課税されることが多く、課税の繰延べが節税の実態です。最終的に会社の資産が明確に増えていかないのは寂しいことですね。問題ない水準までは自己資本＝内部留保をためて、それから節税というのが正しい順番だと思います」

経営者　「また、ときどきこの査定が知りたいです。お願いします」

　このように潰れにくい会社になるように経営者を誘導していく。それが理想の財務コンサルティングだと思っています。

第 **11** 章

債務償還年数を極める

過大な借入金は破綻につながるという目線からの指標の重要性

　潰れにくい会社にするための2つの重要な指標は「自己資本の厚さ」「債務償還年数」です。本章では、「債務償還年数」の知識を深めるとともに、アフターコロナでこの指標に対する考え方がどのように変化しているかを説明します。

　経営者保証解除においても、債務償還年数は信用保証制度を利用するための要件となっています。アフターコロナにおいて、国は経営者保証解除がなかなか進まないという問題意識をさらに高め、課題の解決に向けて取り組んでいくとしています。債務償還年数の正しい理解の重要性が増しています。

　事業者がどんなに悪い財務状況になっても、金融機関が融資をし続けるならば会社は潰れません。逆にいえば、金融機関が融資をしなくなった時点で事業者は破綻します。そこで、金融機関として当該事業者にどこまで貸し込んでいいのか、借金が過大とはどのレベルをいうのかについて、一定の尺度が設けられています。

　この尺度を「債務償還年数」といいます。具体的には、読んで字のとおり、「債務」＝「借入金」を何年で返せるのかを計算します。返済能力の何年分の借金をしているのかを示す数値であり、単位は年数で表されます。

　コロナ前は、債務償還年数が10年未満であれば、借金は過大ではないというのが1つの基準でした。この水準を超えると、金融機関が融資をしにくくなります。すなわち、事業者はこれ以上の借入れができなくなりますから、破綻のリスクが高まります。そこで、金融機関では債務償還年数が重要視されるわけです。

　しかし、アフターコロナにおいてはこの年数の基準が13〜20年まで緩和されており、金融機関ごとに正常範囲のとらえ方が異なるようになっています。

債務償還年数は10年で返済しましょうという意味ではない

　私がセミナー等で債務償還年数について説明していると、「借金を10年で返してしまうなんて現実的ではないのでは？」という質問を受けることがあります。

　債務償還年数は「この年数で返しましょう」という指標ではなく、「このくらいまでは借りていていいんですよ」という指標ですと解説し、理解してもらいます。

　非上場企業であれば、融資で事業を運営することが一般的ですし、企業成長のスピードを上げるために融資が必要となる場合も多いでしょう。上場企業ならば株式発行で資金調達できますが、やはり金融機関から融資を受けて事業運営を支えることが一般的です。

　借入れがあること自体に問題はありません。過大でない水準までは、事業を伸ばすために積極的に借入れをしてもいいのです。債務償還年数は会社が無借金になるまでの年数を測る指標ではなく、返済能力（キャッシュフロー）の何年分までの借金なら過大でないかを測る指標です。

　なお、キャッシュフローには次の4つの種類があります。

① 　営業キャッシュフロー……事業活動を通じての資金収支をいいます。中小企業金融において営業キャッシュフローは「経常利益＋減価償却費－法人税等」が原則的に用いられています。

② 　投資キャッシュフロー……設備投資や資産の売却などで発生した資金収支をいいます。

③ 　財務キャッシュフロー……金融機関からの借入れや返済などによる資金収支をいいます。

④ 　フリーキャッシュフロー……事業者が自由に使える資金収支をいいます。フリーキャッシュフローは①の営業キャッシュフローに②の投資キャッシュフローを加算（または減算）して計算します。このフリーキャッシュフローが返済能力を示すことになります。

債務償還年数の計算式は多様

債務償還年数は金融機関によって算定方法が異なります。また、債務償還年数を利用する場面によっても、採用する計算式が異なります。これらをすべて覚える必要はありませんが、このように計算根拠が多様に存在することと、その考え方の違いを認識しておくことで、財務コンサルタントとして金融機関と事業者の目線あわせの助言をできるようになりましょう。

基本的な考え方は、「債務の額」÷「年間の営業キャッシュフロー」です。

$$\frac{\text{分子 「債務の額」}}{\text{分母 「年間の営業キャッシュフロー」}} < 10$$

この「債務の額」や「年間の営業キャッシュフロー」の計算式が、金融機関や使われる場面によって異なるのです。

分子　有利子負債＝借入金の計算式が多様にある
分母　経常利益＋減価償却費－法人税等　が原則

債務償還年数の6つの計算式

では、この異なる考え方を6つ紹介します。厳しい順番に記載していきます。

(1) A基準（CRDが採用）

(有利子負債＋役員からの借入金)÷(経常利益＋減価償却費－法人税等)

CRDとはクレジットリスクデータベースの略であり、全国の信用保証協会、政府系金融機関、民間金融機関が参画し構築した、国内最大の中小企業の信用情報データベースです。一般社団法人CRD協会によって運営・管理されています。

CRDモデルの特徴は、貸出のデフォルトデータと企業の財務諸表の推移

との関連性を分析し、どういった指標がどのような推移をすると企業はデフォルトを起こしやすいのかを読み取ろうとしていることにあります。そうしたシグナルとなる財務指標の1つとして債務償還年数があり、その計算式に上記の算式が採用されています。

この算式が最も厳しい目線で、役員からの借入金まで会社の債務と認識しています。役員からの借入金は債務でなく資本とみなすという考え方もあるのではないかと思ってしまいますが、CRDに確認したところ、役員借入金を債務と認識している金融機関もあるので、その一番厳しい目線にあわせているとのことでした。

> **TOPICS**　役員借入金は債務なのか
>
> 役員借入金を債務として認識する金融機関に確認したところ、「役員借入金は、会社が債務免除を受けたときにはじめて資本とみなす」ということでした。役員借入金は金融機関が管理できるわけではなく、会社が返済義務を負っているのは間違いないので、債務として認識すべきだとの見解でした。また、別の金融機関からは「その役員に相続が発生した場合、会社とは何の関係もない親族などの相続人は金融機関と同等の債権者となるため、役員借入金はやはり金融機関の有利子負債と同じ扱いとする」という回答を受けました。

(2)　B基準（厳しめ）

（有利子負債）÷（経常利益＋減価償却費－法人税等）

役員借入金は債務とみなさない計算式です。

(3) C基準（原則）

> （有利子負債 − 経常（正常）運転資金）÷（経常利益 + 減価償却費 − 法
> 人税等）

　この計算式が最も一般的な債務償還年数の計算式とされています。特徴
は、有利子負債から経常（正常）運転資金を差し引くところです。有利子負
債のうち、事業を運営するための正常な運転資金を除いた額を実質的な借金
とみなしています。

　事業を営むうえでは通常、原材料の仕入れが先行します。原材料が製品と
なって売られるまでは在庫となり、売上代金の回収にも時間を要します。そ
の間に必要な資金が経常（正常）運転資金です。計算式としては、経常（正
常）運転資金 = 売上債権（売掛金 + 受取手形）+ 棚卸資産（在庫）− 仕入債務
（買掛金 + 支払手形）となります（第4章参照）。

　また、有利子負債から経常（正常）運転資金を引いた金額は「要償還債
務」と呼ばれています。第4章で述べたように、金融機関においても、正常
な運転資金は資金化ズレの資金需要であり、その資金不足は恒常的に発生す
るもので、実質的には返済が不可能な資金需要なので、返済は不要（できな
い）と認識されています。そこで、有利子負債のうち経常（正常）運転資金
に相当する金額については返済不要とみなし、有利子負債から経常（正常）
運転資金を除いた返済が必要な部分を「要償還債務」と呼んで区別していま
す（図表11−1）。

図表11−1　要償還債務の考え方

有利子負債	
要償還債務	不要償還債務
返さなくてはいけない債務	返さなくてもよい債務

出所：著者作成

図表11－2　経常（正常）運転資金がマイナスの場合の要償還債務の計算方法

```
経常（正常）運転資金＝売上債権100万円＋棚卸資産100万円－買入債務300万円
　　　　　　　　　　　　（支払手形100万円＋買掛金100万円）
　　　　　　　　　　＝▲100万円の場合
有利子負債＝1,000万円
要償還債務＝有利子負債1,000万円－経常（正常）運転資金▲100万円
　　　　　　＝1,100万円　（誤）
要償還債務＝有利子負債1,000万円－経常（正常）運転資金０万円
　　　　　　＝1,000万円　（正）
```

出所：著者作成

　事業者によっては、経常（正常）運転資金がマイナスとなります。「（売上
債権＋棚卸資産）＜買入債務（支払手形＋買掛金）」という、運転資金が不
足ではなく余剰となる状態です。この場合、要償還債務の計算にあたって、
有利子負債に経常（正常）運転資金相当額を加えることはなく、経常（正
常）運転資金はゼロとして計算します（図表11－2）。

(4)　D基準（緩め）

```
（有利子負債－経常（正常）運転資金－固定性預金）÷（経常利益＋減
価償却費－法人税等）
```

　D基準以下は、有利子負債から預金を差し引くという原則的な計算式より
緩めの算式となります。そのなかでもD基準は、預金全額ではなく、借入れ
の返済に充当できるとみなせる額、つまり、事業に当面必要のない部分の預
金＝定期預金などの固定性預金は差し引くという考え方です。この算定方法
は、事業再生の場面、特に条件変更（リスケ）の際に必要な経営改善計画の
目標として掲げる債務償還年数の計算によく用いられます。

⑸ E基準（最も緩め）

（有利子負債 − 経常（正常）運転資金 − 預金）÷（経常利益 + 減価償却費 − 法人税等）

有利子負債から預金を全額を差し引く計算式です。有利子負債から預金を差し引いた金額を純債務（Net Debt：ネットデット）といいます。かなり緩めの計算方法となるので、この算式を採用している金融機関はほとんど見当たりません。

TOPICS E基準の活用場面

E基準はM&Aで株式価値を算定する際に用いられます。預金の全額を差し引くのではなく、資金繰り上必要とされる預金残高（たとえば、月商の1.5カ月分）を差し引いて計算するケースや、非事業性の金融資産（投資有価証券など）などいつでも換金のできる資産を預金と同等とみなし（キャッシュライクアイテムと呼びます）、その額を有利子負債から差し引くケースもあります。

⑹ F基準（経営者保証解除における信用保証協会の新制度基準）

（有利子負債）÷（EBITDA）

この計算式は、信用保証協会が経営者保証解除の要件として採用している計算式で、ここまでの5つの算式とは種別が異なります。国は、金融機関によるさらなる経営者保証の解除を後押しするため、一定の要件を満たす企業について経営者保証を解除することを前提に、金融機関にとって使いやすい

新たな信用保証制度（事業承継特別保証制度）を2020年4月から開始しています。この「一定の要件」の1つに債務償還年数があり、このF基準が採用されています。債務償還年数の基準としては最も緩いといえる水準の計算式です。

〈事業承継特別保証制度の適用対象となる事業者の要件〉

①　資産超過であること

②　返済緩和中ではないこと

③　**EBITDA有利子負債倍率（（借入金・社債－現預金）÷（営業利益＋減価償却費））10倍以内**

④　法人と経営者の分離がなされていること

　EBITDAという耳慣れない用語が使われていますが、これもキャッシュフローを示す用語です。イービットディーエーまたはイービットダーと読みます。「Earnings Before Interest, Taxes, Depreciation, and Amortization」の略で、M&Aにおける企業価値評価の指標に用いられます。日本語に訳すと「支払利息、税金、減価償却の前の利益」となります。簡易的には営業利益に減価償却費を加えて計算します。

　この計算式では有利子負債についても「借入金・社債－現預金」となっていて、最も緩めの計算方法をとっています。国の経営者保証解除後押しの意向が伝わってきます。

■ 債務償還年数を経営に活かす

　コロナ前までは、金融機関の多くが、債務償還年数が10年を超えるような会社は借入額が多すぎるので「要注意先」として分類し、追加融資には応じない姿勢をとっていました。追加融資に応じるとしても、金融機関が100％リスクを負うプロパー融資はむずかしいので、信用保証協会の保証付融資などで対応するというのが実情でした。

　アフターコロナにおいては、その基準が13〜20年まで緩和されているとすでに述べましたが、それはコロナ特別融資など国の資金繰り対策により、

キャッシュフローが少ないどころか、マイナスの事業者であっても相当な額の資金調達ができたからです。コロナ禍によって債務償還年数の従来からの基準が根底から崩れ、事業者の債務が過大かどうかという問題意識はひとまず棚上げになっている状態です。

アフターコロナにおいては、コロナ禍の影響を受けて傷んだ財務の修復が重要なテーマとなります。債務超過を瞬時に回復できる状態にない企業が多く、3〜10年かけて着実に解消していけばよいと時間的猶予が認められるものと判断しますが、一方ではキャッシュフローがマイナスの状態にあるような事業者は、これをいち早く改善しないと、追加融資はもちろん事業自体の存続も厳しいといわざるをえません。

コロナ禍でキャッシュフローがマイナスとなってしまった事業者は、まずは早期にキャッシュフローをプラスにする目標を立て、経営改善に取り組むことが必須です。その次に債務償還年数20年を切ることを目標にすればいいでしょう。債務償還年数の計算式も、A〜FまでのうちFから順番にクリアしていけばいいと思います。ひとまずはCの基準までクリアできれば十分です。

■ 転ばぬ先の杖──債務償還年数7年以内で経営

債務償還年数10年までは金融機関が融資してくれるからといって、この上限まで借りてしまうことは好ましくありません。万が一事業環境が悪化したときに、すでに目一杯借りているので、それ以上の借入れはできなくなり、いきなり資金繰り破綻してしまうリスクがあるからです。中小企業は大企業に比べて事業の安定性が低いので、手取り収入（キャッシュフロー）が将来もずっと同じ水準で継続できる保証はないと慎重に考えて経営すべきです。

具体的には、借入金は債務償還年数10年の3割減となる「7年分」までに維持しておくという基準を設定するのが望ましいでしょう。債務償還年数7年という水準であれば、金融機関は融資がしやすいと判断してくれるので資金調達に支障が出ませんし、業績が下降してキャッシュフローが低下して

も、ある程度の余裕をもつことができます。

　債務償還年数を７年以内に設定することは、経営判断の基準としての意味もあります。たとえば、設備投資の可否を判断する場合、金融機関から融資を受けられるかどうかという目線で判断していないでしょうか。仮に金融機関から返済期間10年で融資の提案があった場合、設備投資の効果として生じる事業収益から10年間で返済できればよいという考えになってしまっていないでしょうか。そうだとすると、返済期間ではなく投資効果という目線で考えた場合、元手を回収するのに10年かかり、11年目にはじめて利益を出せる投資というのはいかがなものでしょうか。

　金融機関は、設備投資に係る融資の返済期間は対象設備の償却年数にあわせるのが適切だと認識し、あまり返済が厳しくなっては困るだろうからという優しい計らいで、償却年数より長めの融資期間を設定してくれているのです。そうした金融機関の計らいに甘えることなく、企業としては、投下資本の回収期間は長くても７年以内を投資判断の基準とするようにしましょう（工作機械などの設備の耐用年数は７年から10年が中心です）。できれば、５年以内に投下資本を回収できるような投資であればなおよしです。なお、設備投資にあたって補助金等の施策を活用できるならば、債務の負担が減少しますし、投下資本の回収期間も短縮できることになります。

　以上のようなこの観点で経営を続けていれば、債務償還年数も７年を上回ることなく、余裕をもって良好といわれる財務状態を維持できます。

経営者は個人の債務償還年数も意識しておきましょう

　住宅を取得する場合、ほとんどの人が住宅ローンを利用します。住宅ローンをいくらまで借りられるのかはその人の収入によります。金融機関が個人への住宅ローンの融資限度を算定する場合、一般的には年収の10倍までが目安とされています。

たとえば、年収が400万円であれば、住宅ローンの借入限度の目安は4,000万

円となります。実際にいくらまで借りられるかは金融機関ごとに異なりますが、目安としては、ここでも10年という期間が採用されています。

　では、年収1,000万円の人が、その10倍の1億円2,000万円の住宅ローンを借りることが適切かというと、はたしてどうでしょうか。バブル時代は住宅価格が上昇し、終身雇用を前提に給与は上昇し続けるものだという考え方が常識だったので、サラリーマンでも1億円超のマンション、いわゆる億ションを購入できました。

　その後、失われた30年といわれるような不動産市況低迷期に入り、金融機関の住宅ローン審査も相応に慎重に行われるようになりましたが、アベノミクスによる金融緩和の影響を背景に、とりわけ都市部のマンション価格の上昇が顕著となりました。それにあわせるように金融機関の住宅ローンの審査基準も再び緩和しました。そこにコロナ禍が押し寄せ、2023年となり、これから住宅ローン破産件数が増加するのではないかと懸念されています。

　そもそも金融機関の年収の10倍程度までという目線には問題があると思います。年収が1,000万円を超えていても、可処分所得（キャッシュフロー）が収入に比例して増加するかというとそうでもありません。年収が1,000万円を超えたあたりから所得税負担がぐんと重くなり、生活面でも子供の教育関連費や購入する自家用車の価格帯も高めになることから、年収が1,000万円を超えてもまったく貯金ができないという個人は多いのが実情です。

　ましてや、その個人が経営者であれば、住宅ローンを組んで数十年間、その返済が問題なくできるのかどうかを慎重に検証すべきだと考えます。会社の業績悪化の際には役員報酬の削減もやむなし、さらには会社への投入もできるように個人預金を1,000万円以上保持することが必要です（第3章）。

　人それぞれ生活に係る費用は異なりますので、金融機関がお金を貸してくれるからといって、安易に資産取得の判断をしないようにしておきたいものです。個人が返済に回せる資金額＝可処分所得（キャッシュフロー）を正確に把握し、借入計画を立てることが重要です。

なぜ10年未満なのか

ところで、コロナ前までの中小企業融資の基準である「キャッシュフローの10年未満」というのはどこからくるのでしょうか。根本的な理由は、中小企業は大企業と違って事業環境の変化の影響を受けやすく、債務超過に陥りやすい体質にあることから、融資の返済期間は10年が限度と考えられるところにあると思われます。

実際、ほとんどの金融機関が特定の場合を除き、中小企業への融資の返済期間を最長でも10年までとしています。日本政策金融公庫は中小企業向けに民間金融機関より返済条件を緩和した融資制度を提供していますが、その日本政策金融公庫であっても返済期間は原則10年までとしています（図表11-3）。

金融機関が10年超という返済期間を許容してくれないわけですから、会社としてもキャッシュフローの10年を超えるような金額の借入額は過大だという考え方が導かれるわけです。

収益を生まない投資は要注意

自社ビルを新築したら急に会社の経営が傾いたという話を耳にしたことはありませんか。これは何かの祟りとか、ジンクスではなく、どうしてそうな

図表11-3　日本政策金融公庫による貸付の返済期間

> お金の使い道が事業における「運転資金」の場合は、原則5年以内が返済期間になります。原則5年ですが、特に必要な場合は7年以内と返済期間が延長も可能になる場合もあります。
>
> 「運転資金」に当たるものとしては、たとえば、会社や店舗の地代や家賃、会社の宣伝広告費用、材料や製品の仕入代金、人件費などが「運転資金」に当たります。
>
> 次にお金の使い道が「設備資金」の場合は、原則10年以内が返済期間になります。設備が「特定設備」に当たる場合は最長20年以内が返済期間になります。

出所：日本政策金融公庫ウェブサイト

ることが多いかを論理的に説明することができます。

　会社の自社ビルや駐車場用土地を借入れにより取得するケースを考えてみましょう。業容拡大によって事務所が手狭になり、求人の面からもきれいな自社ビルがほしいという経営者の心理は理解できます、また、家賃を払う必要がなくなって、経費が減るというメリットもあります。しかし、固定資産税や諸経費を考えると、自社ビルにしたからといって、実際には手取り収入がそれほど大きく増えることはありません。

　一方で、借入金額は大きく増えます。購入した不動産が収益を生むものであればいいのですが、自社ビルであれば、そのための借入金を10年間で返せるだけのキャッシュフローを生むような投資効果は見込めないと考えたほうが現実的でしょう。

　製造業の生産工場や倉庫業の新築倉庫ならばキャッシュフローを生む資産といえますが、会議室や応接、管理セクションがメインとなる建物であるならば、直接的な収益を生まない資産なので、その取得資金を全額借入れで賄うような場合には直接的に債務償還年数の悪化につながることは明確です。

　ここで注意すべきは、会社の業績が同じでも、債務償還年数の指標が悪化してしまうことで、資金繰りに支障をきたすというリスクがあることです（図表11－4）。

　金融機関は、不動産取得に係る融資であれば、対象不動産への担保設定により保全が図れるので、債務償還年数が悪化するとわかっていても融資に応じるケースがあります。そのときには問題なく融資をしてくれるのですが、その後、追加の融資を依頼したときに「これ以上の借入れは財務的に問題があるので簡単に融資できない」ということになってしまうのです。追加融資依頼時に会社の業績が悪化していた場合には融資の目線はより厳しいものとなってくるでしょう。

　やはり事業経営は安定した資金繰りが何より重要です。常に手取り収入の7倍程度に借金を抑えることを念頭に置いて投資判断をすべきです。そうすれば、会社が資金繰りに困ることはないと思います。

　この会社の事例で2億円の借入れを7年以内に返せるキャッシュフローを

図表11-4　借入れで自社ビルを購入した場合の債務償還年数の変化

【現状】

$$\frac{既存の借入金1億円}{現状のキャッシュフロー2,000万円}$$

→債務償還年数5年の財務内容は良好な先とみられていた

【自社ビル購入後】

$$\frac{既存の借入金1億円＋新規不動産等の借入金1億円}{現状のキャッシュフロー2,000万円}$$

→債務償還年数10年とこれ以上は借金過多といわれる水準に悪化

$$\frac{既存の借入金1億円＋新規不動産等の借入金1億円}{現状のキャッシュフロー2,857万円以上}$$

→債務償還年数7年以内を維持できるキャッシュフローが確保できるかが投資可否判断の材料となる

出所：著者作成

求めると、「2億円÷7年＝2,857万円以上」のキャッシュフローが不動産取得後も見込めるならば、問題がある水準にまで財務状況が悪化するとはいえないので、投資にGOサインを出してもよいといえるのではないでしょうか。

　もしそうでないなら投資を見送るか、自己資金に余裕があるならば借入金額を減らすか、キャッシュフローが増加するような資産取得を検討するか、という経営判断が求められるでしょう。

債務償還年数を意識したキャッシュフロー経営は会社を潰さない

　キャッシュフロー経営という言葉をよく耳にすると思いますが、私の考えるキャッシュフロー経営は債務償還年数を5年から7年の水準に維持するように借入金とキャッシュフローのバランスを図ることです。

　経常利益などの名目上の利益がいくらなのかに着目するのではなく、返済や投資に回せる手取り金額はいくらあるのか、その額に対して借入金は適正かどうかに着目する経営です。金融機関が貸してくれるなら投資しようではなく、その金融機関の判断もときには会社の収益力を超えるような過度な投

資や借入につながる場合があり、結果として潰れやすい会社となってしまうリスクをいつも認識しておくことが重要なのです。

その点に着目した経営をしている会社は潰れにくいといえます。

■ キャッシュフロー経営の失敗例（飲食店の事例）

債務償還年数を意識したキャッシュフローがいかに重要かを示すために、キャッシュフロー経営の失敗事例を紹介したいと思います。特に飲食業において、この失敗事例が多いと思います。金融機関には融資をしやすい業種と融資をしにくい業種があり、飲食業は融資をしやすい業種に属するからです（一方で、システム開発事業者などは融資がしにくい業種といえます）。

金融機関の融資審査においては3つの視点があり、その視点を明確に説明できれば融資がしやすいのです。それは次の3つです。

① 資金使途（何に使うのか）

② 融資金額の妥当性（なぜその金額が必要なのか）

③ 返済可能性に問題がないこと（ちゃんと返せる根拠）

ある経営者は脱サラし、ラーメン店をオープンしました。特徴あるラーメン店としてメディアにも取り上げられ、行列ができるなど好調な立ち上がりで、開業当初から黒字が継続しました。1年目を経過した頃には近隣に2店舗目をオープンし、3期目の決算が終わったところでした（図表11－5）。

図表11－5　ラーメン店乙社の概要

売上げ……1億2,000万円
経常利益……200万円、減価償却費……200万円
　→3期目のキャッシュフローは380万円
役員報酬……600万円
現在の借入金……3,500万円
　→債務償還年数は9.2年となっている
自己資本……500万円の資産超過

出所：著者作成

経営者はさらに業容を拡大するために、３店舗目を出すための資金の借入れを金融機関に打診しました。借入額は3,000万円、返済期間は10年です。返済原資としては、当該店舗では既存店と同様に年333万円のキャッシュフローを見込めると金融機関に説明しました。金融機関としては、既存店の実績に基づく説得力ある事業計画があり、また現状の財務状況に問題はないことから、すぐに融資の承認がおりました。

　さて、実際に３店舗目を出店してみると、近隣にある１店舗目とカニバる（注）状況になり、３店舗合計の売上げは思いのほか伸びず、直近の月次のキャッシュフローがマイナスになってしまいました。具体的には、売上高1.5億円、キャッシュフローは年間600万円見込めるかどうかという状況に対し、借入金は6,500万円で、年間800万円程度の返済があり、資金繰り的に厳しい状況に陥ってしまいました。

（注）「共食い」という意味をもつ英語の「cannibalization」が語源。主にマーケティング分野で用いられる俗語です。自社の製品やサービス同士で売上げを奪い合ったり、同じ企業の店舗同士で顧客を奪い合ったりする状況のことを指します。

　こうなってしまうと、返済のための借入れ（資金繰り償還の状態）を行う必要性が生じ、追加で融資が厳しい場合はリスケ（条件変更）の申請も視野に入ります。

　３店舗目の出店が乙社の財務状況を悪化させてしまったわけですが、店舗がカニバったことがその原因と単純に考えていいのでしょうか。財務の視点に立って、３店舗目の出店のタイミングをもっと慎重に考えるべきではなかったかという疑問があります。

　債務償還年数が９年だから、融資が出るから出店するのではなく、出店した後の会社全体の財務をみつめるべきではなかったのか。保守的に３店舗合計の出店計画を策定すれば、カニバリゼーションは飲食業のマーケティングでは重要な要素なので、３店舗目の出店でそうした状況が起きることにも気づいたのではないでしょうか。

　そもそも債務償還年数を７年以内に改善するようなFLR率（第８章参照）

の見直しを先行して3店舗目出店に向かうようにしたら、ここまでの財務状況の悪化はなかったはずです。債務償還年数を意識したキャッシュフロー経営は会社を潰さないと感じます。

第 12 章

融資判断の仕組み
＝信用格付を極める

信用格付とは何か

　財務コンサルタントに求められる最も重要なノウハウは、金融機関がどのような基準で融資の判断をしているのか、その仕組みを理解し、事業者に適切に伝え、より円滑によりよい条件で、融資が受けやすくなるように、財務内容を向上させていくことです。

　そのためには、何よりも先に「信用格付」の仕組みを理解することが必要です。どの金融機関も融資先に対して信用格付を行っています。格付という名前のとおり、融資先を1〜9などのクラスに分類しています（金融機関によっては10ないし11個のクラス分けを行っています）。これは、金融機関が「自己査定」という作業を適切に行えるように整備された仕組みであるといえます。

　金融機関は、融資先について、また個別の貸付債権について、その返済可能性を自ら査定、分類します。この分類作業を自己査定といいます。自己査定により、融資先＝債務者の財務状況、経営状況に応じた返済能力を判断し、次の5つの区分に分類します。この区分を債務者区分と呼びます（図表

図表12−1　自己査定における債務者区分

区分名		概　要	引当率	
1．正常先		財務内容に特段の問題なし	0.2%程度	
2．要注意先		財務内容に問題がある等、注意を要する		
	その他要注意先	「要注意先」のうち、「要管理先」以外	3％程度	
	要管理先	・金利の減免や返済猶予等を実施（貸出条件緩和債権）・3カ月以上延滞	15〜20%程度	不良債権に該当（開示）
3．破綻懸念先		経営破綻に陥る可能性が大	60%程度	
4．実質破綻先		実質的に経営破綻	100%	
5．破綻先		法的・形式的に経営破綻	100%	

出所：金融庁

12－1）。

　会計上、この債務者区分に応じて貸倒引当金を計上することになります。また、要管理先以下の融資先に対する貸付債権は開示債権といって、不良債権として公表する必要があります。金融機関としては「この金融機関は不良債権が多いので心配だ」と思われたくないので、できるだけ不良債権を増やしたくないという考えとなり、財務内容が良好な先に対する融資を増やそうという意向が強くなります。

　さらに、5つの債務者区分だけでは、正常先でも良好な正常先なのか、要注意に近い正常先なのかがわかりにくいため、正常先をさらに細分化した格付を行うことで、融資審査に役立てようというねらいから整備されているのが「信用格付」ということになります（図表12－2）。

　このクラス分けを行うことで、融資判断においてそのランクごとに一定の審査基準を設けることができます。たとえば、区分1～3までは正常先の上位なので、金利は○％まで優遇してもよいとか、○○百万円までは支店長の権限でプロパー融資をしてもよいなど、形式的（システマティック）に融資判断ができます。こうした形式的な基準を設けることは、金融機関の支店や

図表12－2　信用格付と債務者区分の対比

信用格付	債務者区分	
1	正常先	
2		
3		
4		
5		
6	要注意先	その他要注意先
7		要管理先
8	破綻懸念先	
9	実質破綻先	

出所：著者作成

審査担当者ごとに差（審査のムラ）が出ないようにするためでもあります。

信用格付はどのように決まるのか

　1〜9のクラス分けがどのように決まるのかというと、融資先の決算3期分の財務諸表の数値をもとに、その会社が潰れにくいのか、潰れやすいのかをコンピュータ分析して評点化し、その点数をもとにしています。こうした財務情報に基づく定量分析による格付を「財務格付」と呼びます。

　さらに、以下のような個別の財務情報や、定性情報を加えて財務格付を補正します。

・決算書に表示されていない財務情報（不良資産、役員借入金の扱い）
・ファンダメンタルズ（業界地位や社歴）
・経営者の情報（資質、年齢、個人資産）
・経営基盤（組織、バリューチェーン）
・マーケティング（商品、市場、販売方法等）

　こうして最終的な信用格付を決めます。基本的にこの作業を決算年度ごとに行います。

財務格付の決まり方

　メガバンクや一部の地方銀行などは独自のコンピュータ分析システムをもっていますが、日本政策金融公庫、全国の信用保証協会、一部の地域金融機関はCRDのスコアリングモデルを利用しています。

　CRDとはクレジットリスクデータベースの略で、一般社団法人CRD協会によって運営管理されています。約20年にわたって蓄積された中小企業の決算データが約2,000万件保有されており、毎年100万件を超えるデータの集積を続けています。ビッグデータとも呼べる、国内最大の中小企業の信用情報データベースとなっています。

　CRDは、全国の信用保証協会における保証料率決定や、データベースに

図表12-3 信用保証協会の保証料率の決定方法

責任共有保証料率表	1	2	3	4	5	6	7	8	9
500万円以下	1.27	1.16	1.03	0.90	0.77	0.66	0.53	0.40	0.30
500万円超1,000万円以下	1.55	1.43	1.27	1.10	0.94	0.82	0.65	0.49	0.35

出所：東京信用保証協会ホームページより著者加工

参画している金融機関の格付決定などに利用されています（図表12-3）。

　民間の金融機関はこうしたクラス分けを行っていることや、事業者がどの
ランクになるかを表立って明らかにはしていませんが、全国の信用保証協会
では、CRDスコアリングモデルで分析した結果、融資先の格付を9つに区
分し、リスクに応じた保証料率を設定しています。こうした保証料率表が信
用保証協会ホームページ等で公表されていますので、事業者は融資申込み時
に決定された保証料率から自身の格付を知ることができます（格付に関係な
く一定の保証料率という融資制度もあります）。

どうすれば財務格付が上がるのか

　では、どうすれば財務格付が上がるのでしょうか。私自身の経験から、格
付アップのためにはどのような財務指標が重要なのかを簡潔にまとめると、
・自己資本比率は高く
・流動比率、現預金比率を重視
・借入依存度は低く
・キャッシュフローを高めに
ということになります。これらの財務方針を意識して財務内容の向上を目指
せば、財務格付は向上します。これは、CRDのスコアリングモデルだけで
なく、CRDモデルを利用していない金融機関のスコアリングモデルであっ
ても同じだと思います。

財務力を高める行動指針

　私は、財務格付を向上させることを「財務力を高める」と表現していま
す。「財務力」とは会社の潰れにくさを表しています。そのための具体的な
行動指針を示しておきます。

(1)　資産は小さく

　スコアリングモデルにおいて、資産額は小さいほうが評価は高くなりま
す。同業種に比べて在庫の水準や売上債権の規模が大きいことはマイナス評
価となるからです。その他流動資産などの科目は資産性が乏しいと判断され
ますので注意が必要です（私はスコアリングモデルを健康診断に、仮払い勘定、
貸付金勘定などを将来重篤な病気の原因となる脂肪肝にたとえ、これらを減らす
ように指導しています）。

　資産を小さくすることで、自己資本比率や総資産利益率などの指標もよく
なります。収益を生まない資産や換金性の乏しい資産はなるべく保有しない
ようにして、貸借対照表（BS）をスリムな状態に保つことが評点のアップに
つながります。

(2)　自己資本を厚く

　債務超過はいうまでもなく、資本欠損などで自己資本に厚みがない場合も
評点が低くなります。潰れにくい体質づくりのためには、まずは自己資本比
率10％以上を目指したいところです。そこまで節税は後回しとし、積極納
税、内部留保増加を優先させるべきだと指導しています。できれば自己資本
の厚みを感じる15％超の比率を目指したいところです。その結果、金融機関
との取引も安定し、資金調達も円滑になり、流動比率等の指標も向上しま
す。

(3)　キャッシュフロー（債務償還年数）を意識する（第11章参照）

　資金調達手段が限られている中小企業が経営を持続するために、最も重要

視すべきなのが債務償還年数です。それは営業活動で稼いだキャッシュ（キャッシュフロー）と借入金のバランスを測る指標であり、「（有利子負債－経常（正常）運転資金）／キャッシュフロー」という計算式で求められます。キャッシュフローは簡便的に「経常利益＋減価償却費－法人税等」で求められます。

　債務償還年数は借入金が多すぎるかどうかの指標であり、金融機関の融資判断に大きな影響を与えます。これが少ないほど安全と評価され、評点が高くなります。この数値が10年以上になると借入れが過大で、要注意であるといわれています。もし10年を超えている、または超えそうな水準にある場合は、財務改善の取組みが必要です。

　この計算式の分子にある「有利子負債－経常（正常）運転資金」は、簡単に減らすことができません。一方、分母のキャッシュフローは営業努力（売上増加や売掛金や在庫の減少）により増やすことができます。借入れによる投資を控え、債務償還年数が10年以上とならないようにするという経営戦略を推進することで安全な経営を持続できるはずです。

⑷　現預金比率を意識する

　手元流動性（現預金）比率はスコアリングモデルによる財務格付に大きな影響を与える指標です。目標は、月商の1～2カ月分の現預金残高を維持できている状態です。そのためには資金繰りを正しく把握することが必要となりますし、資金繰りがタイトにならないように金融機関から余裕をもった資金調達を行うなどの取組みが必要となります。

　預金残高が多ければ多いほどよいならば、借入れを目一杯増やして預金残高を増やせばいいのでしょうか。そうすると手元流動比率は向上するかもしれませんが、借入依存度、自己資本比率、支払利息負担率など、その他の財務指標が悪化することから、必ずしも財務格付が向上するとはいえません。

金融検査マニュアル廃止後の融資はどうなるか

2019年末に金融検査マニュアルが廃止され、廃止後の金融庁検査の考え方が公表されました。今後は地域金融機関がそれぞれの経営環境（顧客特性、地域経済の特性、競争環境等）のなかで自らの個性、特性に則した具体的な経営戦略、経営計画、融資方針などを打ち出し、どのようなビジネスを展開していくのかについては多様性があって当然としています。したがって、金融機関ごとに、また事業者とその金融機関の関係性によって、融資への取組姿勢の差が広がっていくことが考えられます。

金融検査マニュアルは、金融庁の検査官の手引書と位置づけられ、金融機関が同マニュアルを参照して自らの方針や内部規定を作成することが期待されていました。そこで、融資に係るリスク判断について、金融行政の考え方を詳細には示さずに、つまり数値や形式基準を示さずに、金融機関自身で経営方針にのっとった判断基準を設けよという方針でした。そうなると、どうしても保守的に最低基準を設定しようとする傾向が主流となりました。金融危機の時代に最低限のリスク管理態勢、法令遵守・顧客保護態勢を確立するうえで、金融検査マニュアルは大きな役割を果たしたといえます。しかし、2002年からの長きにわたり同マニュアルを用いた定期的な検査が反復された結果、次のような問題点が表出してきました。

・金融機関におけるチェックリストの形式的遵守を促進し、リスク管理の形式化につながる
・最低基準さえ充足していればよいという企業文化を生む
・金融検査マニュアルに基づく過去の検査指摘が、環境や課題が変化したにもかかわらず、暗黙のルールのようになってしまう
・金融検査マニュアル対応を念頭に置いて策定された金融機関の詳細な内部規定が固定化し、銀行内において自己変革を避ける口実として用いられたり、創意工夫の障害となったりする

このような問題点が認識されるに至り、金融庁はマニュアル廃止を決めたようです。それでは、金融検査マニュアル廃止後の金融機関の経営はどのよ

うに変化しているのでしょうか。

金融検査マニュアル廃止後の金融機関の変容

　金融検査マニュアルが廃止されると、金融機関は独自の経営理念や融資方針に基づいて、融資先の自己査定ができるようになりました。廃止前は融資先の財務内容、担保や保証の有無を重視した自己査定方法でしたが、廃止後は、企業のもつ潜在的成長性、将来のキャッシュフローに基づく返済能力にも注目して査定ができるので、融資に対しては積極的に取り組む地域金融機関が増加するという期待がもたれました。過去の実績や担保に基づく融資ではなく、企業の将来性に着目した「事業性評価」を伴った融資が広がるという期待です。

　たとえば、金融検査マニュアルの弊害として、融資先がやむをえない理由で一時的に赤字に転落した場合でも、形式的にみると債務者区分は不良債権（要管理先以下）に落ち込んでしまうので、急に金融機関が貸し渋るなどの事象が指摘されていました。まさにコロナ禍のような環境の激変があった場合に、金融機関が独自の経営戦略を立て、企業の強みや特性を理解して前向きな目線で行動するように期待しての同マニュアル廃止でしたが、実際には大規模なコロナ関連の公的融資制度が導入されたため、金融機関の大きな行動の変容が顕在化しているとまではいえません。

　ただ、コロナ禍でも積極的に融資を伸ばす方針を打ち出す金融機関も存在しますし、地域の小規模零細事業を中心に金融機能を発揮するという経営方針を打ち出し、「当信用金庫としては今後中堅企業との取引を開拓しても営業成績としては評価しない」と理事長が明言する小規模な信用金庫もあります。このように金融検査マニュアル廃止後、金融機関の融資行動に大きな変化が起こる機運が高まっています。

　金融行政は地域金融機関の将来性を心配しています。特に問題視しているのが、2023年度決算でリスクのある資産運用に手を出して大きな損失を計上している地域金融機関がみられることです。信用金庫など小規模な金融機関

ほどその損失の影響が目立ちます。金融庁は、今後、収益改善に向けて合併や支店集約などが進むことで、地域金融機関は地域での存在意義を失い、見放されてしまうのではないかという懸念をもっているので、金融検査マニュアルを廃止し、地域金融機関としての経営方針をしっかり打ち出すことを促しているのだと推測できます。地域金融機関の営業基盤はどこなのか、その地域のコアな産業は何なのか、それらを明確にして経営資源やリスクマネーを集中して投じることが望まれています。

　具体的には以下のような取組みを推進する地域金融機関が評価され生き残ることができると考えられます。

・地域での創業支援と資金供給（創業塾の開催や日本政策金融公庫を補完する制度融資の設計）

・業績が悪化した地元のメイン先の再生を積極的に支援していく

・地場産業全体への総合的な支援をどのように行うかの戦略を打ち出す

・地域の中小企業に対する支援姿勢を継続する覚悟を明示し、融資シェアアップを指向する（逃げないメイン銀行になって関係を強化する一方で、企業の実態を深く把握する）

・経常（正常）運転資金の実態をあぶり出し、短期継続資金枠（当座貸越）の提供を推進する

　アフターコロナにおいては、より金融検査マニュアル廃止の効果が表出するものと思われます。そうした動きが感じられる金融機関とは取引を拡充し、そうでない金融機関との取引は見直していくしかありません。メインバンクをどこにしていくかの助言も、これからの財務コンサルタントに求められる知見となるでしょう。

第**13**章

経営者保証解除を極める

中小企業の事業承継における2025年問題

　中小企業の経営者による個人保証には、経営者の責任意識の確認と信用補完という面から資金調達の円滑化に寄与する面がある一方で、経営者による思い切った事業展開や、保証後において経営が窮境に陥った場合における早期の事業再生を阻害する要因となっている等、中小企業の活力を阻害する面もあり、個人保証の契約時および保証債務の整理時等においてさまざまな課題が指摘されています。その課題のなかでも、経営者保証がネックで事業承継が円滑に進まないという問題が重視されています。

　2025年には、経営者が70歳以上である企業が約245万社まで増加し、そのうちの約127万社が後継者不在による廃業・倒産の危機に直面するであろうと予測されています。この後継者不在の問題に何の対策も講じられず127万社が廃業となれば、約650万人の雇用が失われて約22兆円ものGDPが消失す

図表13－1　事業承継の2025年問題

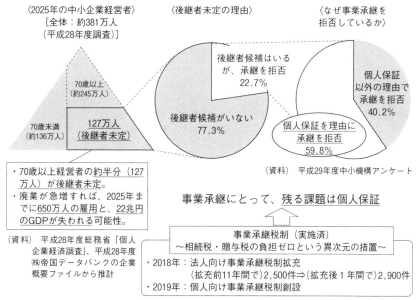

出所：中小企業庁金融課「事業承継時の経営者保証解除に向けた総合的な対策について」

ると予想されています。これが、事業承継の2025年問題です（図表13－1）。

　後継者不在企業のうち、後継者候補がいないケースが77.3％、残りの22.7％は後継者候補が承継を拒否しており、拒否の理由の6割が経営者保証であるという調査結果があります。そこで国は、経営者保証が不要な資金調達を受ける場合の要件等を定めたガイドライン（経営者保証ガイドライン）の活用促進、相続税や贈与税で優遇が受けられる事業承継税制の改正、後継者がいない企業向けに第三者承継を支援する政策などを進めてきましたが、経営者保証に依存しない融資慣行の確立をさらに加速させるため、経済産業省・金融庁・財務省による連携のもと、①スタートアップ・創業、②民間融資、③信用保証付融資、④中小企業のガバナンス、の4分野に重点的に取り組む「経営者保証改革プログラム」を策定・実行していくこととしました（章末の資料）。アフターコロナという時期に入り、経営者保証を解除するための国をあげた取組みが本格化することになります。

■ 財務コンサルティングの本領発揮

　国をあげた経営者保証解除促進への取組みにおいて最も重要となるのが、事業者が経営者保証を解除するにふさわしい財務的な要件を満たしているかどうかについての、事業者と金融機関との目線あわせです。経営者保証解除の要件を正しく理解し、金融機関の財務のとらえ方をしっかりと経営者側に伝え、改善が必要な場合は具体的に改善施策を立てて要件の充足に向けて事業者に伴走する存在が必要となります。

　それは、財務コンサルタントが本領を発揮できる場です。まさに本書の読者の活躍のチャンスであると思います。なぜなら、保証人が不要な会社とは潰れない（潰れにくい）会社であり、それはやはり財務的な要件を充足しているかどうかで判断されるからです。経営者保証解除の財務的要件は本書で述べてきた「潰れにくい会社の財務」という視点と同じであり、1つ目は自己資本がプラスかどうか、2つ目は債務償還年数なのです。

　全国の信用保証協会においても、経営者保証を不要とする制度融資の拡充

図表13-2　経営者保証を不要とする信用保証制度

中小企業経営者の皆さまへ

事業承継特別保証等

経営者保証を不要とする以下の信用保証制度(※)を活用し

経営者保証を解除しませんか

※経営者保証を不要とする信用保証制度

・事業承継特別保証　　　　　・特例経営力向上関連保証
・経営承継準備関連保証　　　・特例地域経済牽引事業関連保証
・経営承継借換関連保証

経営者保証を不要とする4要件

①資産超過であること　②返済緩和中ではないこと(注1)

③EBITDA有利子負債倍率(有利子負債÷キャッシュフロー)(注2)

が10倍以内であること

④法人と経営者の資産の分離がなされていること

のうち、③の要件を緩和しました

▶『EBITDA有利子負債倍率が15倍以内であること』

(注1)危機関連保証及びセーフティネット保証4号(コロナ)の指定期間中に返済緩和
　　　した場合を除く
(注2)EBITDA有利子負債倍率=(借入金+社債-現預金)÷(営業利益+減価償却費)

詳しくは、お取引のある金融機関または
お近くの信用保証協会にお問い合わせください。

お近くの信用保証協会は、右のQRコードからご確認ください。

 　中小企業庁の「経営者保証」紹介ウェブページ
https://www.chusho.meti.go.jp/kinyu/keieihosyou/　

出所：中小企業庁

を進めています（図表13－2）。事業者と金融機関の間に立ち、正しく目線あわせをコーディネートできる存在が今後より多く求められてくるようになると思います。

金融機関に対して経営者保証徴求の監督強化

　金融庁は2023年4月から、金融機関が経営者等と個人保証契約を締結する場合には、保証契約の必要性等に関し、事業者・保証人に対して個別具体的に以下の事項の説明と、その結果等の記録を求めることとしました。
・どの部分が十分ではないために保証契約が必要となるのか
・どのような改善を図れば保証契約の変更・解除の可能性が高まるか
　また、上記の結果等を記録した件数を金融庁に報告することを求め、「2023年9月期実績報告分より「「無保証融資件数」＋「有保証融資で、適切な説明を行い、記録した件数」＝100％を目指す」としています（章末の参考資料）。
　一方で、金融庁に経営者保証専用相談窓口を設置し、事業者等から「金融機関から経営者保証に関する適切な説明がない」などの相談を受け付けることとしています。
　これまでのように融資に経営者保証は当たり前ではなく、経営者保証の徴求を特別なことと位置づけるような施策展開と感じます。実際に金融機関にもそのような認識が浸透してきています。

経営者保証ガイドラインの3要件

　「経営者保証に関するガイドライン」は、中小企業の経営者保証に関する契約時および履行時等における中小企業、経営者および金融機関による対応についての中小企業団体および金融機関団体共通の自主的ルールであり、2014年2月1日から適用されています。同ガイドラインによれば、経営者保証解除の要件は3つあり、実際に経営者保証解除ができるかどうかの判断は

図表13-3　経営者保証ガイドラインの3要件

・内部または外部からのガバナンス強化により　次の3要件を将来にわたって充足する体制が整備されていることが必要

> 1．資産の所有やお金のやりとりに関して、法人と経営者が明確に区分・分離されている
> 2．財務基盤が強化されており、法人のみの資産や収益力で返済が可能である
> 3．金融機関に対し、適時適切に財務情報が開示されている

▼

> 上記3要件のすべてまたは一部を満たせば事業者は、経営者保証なしで融資を受けられる可能性があるまたすでに提供している経営者保証を見直すことができる可能性がある

▼

> 金融機関は、要件の充足度合いに応じて、経営者保証を求めないことや保証機能の代替手法（停止条件付保証契約※等）の活用を検討
> ※停止条件付保証契約とは、中小企業が特約条項（定期的な財務情報の提出義務、他の金融機関に対する担保提供の制限など）に違反しない限り保証債務の効力が発生しない旨の契約

出所：著者作成

最終的に金融機関に委ねられます（図表13-3）。以下では、この3つの要件を具体的に解説します。

(1)　資産の所有やお金のやりとりに関して、法人と経営者が明確に区分・分離されている

　資産の分離については、経営者が法人の事業活動に必要な本社・工場・営業車等の資産を所有している場合、経営者の都合により、これらの資産の第三者への売却や担保提供等により事業継続に支障をきたすおそれがあるため、そのような資産については経営者の個人所有とはせず、法人所有とすることが望ましいと考えられます。

　なお、経営者が所有する法人の事業活動に必要な資産が法人の資金調達のために担保提供されている、契約において資産処分が制限されているなど経営者の都合による売却等が制限されている場合、自宅が店舗を兼ねている場

合、自家用車が営業車を兼ねている場合など、明確な分離が困難な場合においては、法人が経営者に適切な賃料を支払うことで、実質的に法人の資産と個人の資産が分離しているものと考えられます。

お金のやりとりの分離については、事業上の必要が認められない法人から経営者への貸付は行わない、個人として消費した費用（飲食代等）について法人の経費処理としないなどの対応が考えられます。

なお、上記のような対応を確保・継続する手段として、取締役会による適切な牽制機能の発揮、会計参与の設置、外部を含めた監査体制の確立等による社内管理体制の整備などが考えられます。また、法人の経理の透明性向上の手段として、「中小企業の会計に関する基本要領」等によった信頼性のある計算書類の作成や対象債権者に対する財務情報の定期的な報告等が考えられます。

⑵　財務基盤が強化されており、法人のみの資産や収益力で返済が可能である

経営者保証が必要な理由は、経営者個人の資産を債権保全の手段として確保したいから（その必要があるから）なので、法人のみの資産・収益力で借入返済が可能であれば、経営者保証は不要と判断されます。

その目線は金融機関ごとに異なるものの、自己資本がプラスであり、債務償還年数が適正範囲内（10〜20年。金融機関によって判断は異なる）であれば、「業績堅調で十分な利益（キャッシュフロー）を確保しており、内部留保も十分」ということになるでしょう。

金融機関によっては、キャッシュフローがマイナスであったとしても、業況の下振れリスクを勘案しても内部留保が潤沢で借入金全額の返済が可能であれば要件を満たすという考え方もありえます（停止条件で補完）。逆に債務超過であったとしても、好業績が続いており、今後も借入れを順調に返済していけるだけの利益（キャッシュフロー）を確保できる可能性が高ければ要件を満たすと判断する金融機関もあるでしょう。

(3) 金融機関に対し、適時適切に財務情報が開示されている

　金融機関の求めに応じて、融資判断に必要な情報の開示・説明をすることが求められます。たとえば、以下のような対応が求められます。

・貸借対照表、損益計算書のみではなく、決算書の各勘定明細（資産・負債明細、売上原価・販管費明細等）の提出
・期中の財務状況を確認するため、年に１回の本決算の報告のみでなく、試算表・資金繰り表等の定期的な報告

　こうした対応にあたっては、公認会計士や税理士等の外部専門家による伴走支援と客観的な検証報告等がなされることが望ましいと考えられます。

経営者保証解除に向けた認定支援機関の支援に補助金の活用が可能に

　現状、経営者保証ガイドラインの３要件を満たすことができないとしても、財務基盤の強化に向けた収益力改善への取組み等を通じて、将来、経営者保証不要の融資や既存融資の経営者保証解除につながる可能性があります。その際には認定支援機関が関与する収益力改善に向けた事業計画の策定に係る費用を支援する制度があります。

　前述した「経営者保証改革プログラム」（章末の資料）を受け、これまで利用されていた早期経営改善計画策定支援事業（現ポスコロ事業）と経営改善計画策定支援事業（通称405事業）の対象に経営者保証解除に向けた経営改善計画が追加されました（図表13－４）。

図表13-4　経営改善計画策定支援事業の対象に経営者保証解除を追加

見直しの方向性
【共通の変更事項】2022年4月1日以降に利用申請があった案件から適用
・伴走支援の実施を交付要件化
・モニタリングの支払申請に有効期間を設定

ポスコロ事業		補助対象経費	補助率	備考
現　行		①計画策定支援費用 ②モニタリング費用	①：2/3（上限15万円） ②：2/3（上限5万円）	
改革後	通常枠	①計画策定支援費用 ②伴走支援費用（期中） ③伴走支援費用（決算期）	①：2/3（上限15万円） ②：2/3（上限5万円） ③：2/3（上限5万円）	・伴走支援（期中）は事業者の希望に応じて、実施。 ・2022年度は、コロナ、ウクライナ情勢又は原油価格の高騰等に起因した影響を受けている事業者は過去にプレ405及びポスコロ事業並びに405事業を利用していても、2回まで利用可能に。
	経営者保証解除枠	①計画策定支援費用 ②伴走支援費用（期中） ③伴走支援費用（決算期） ④金融機関交渉費用	①：2/3（上限15万円） ②：2/3（上限5万円） ③：2/3（上限5万円） ④：2/3（上限10万円）	・伴走支援（期中）及び金融機関交渉は事業者の希望に応じて、実施。 ・2022年度は、コロナ、ウクライナ情勢又は原油価格の高騰等に起因した影響を受けている事業者は過去にプレ405及びポスコロ事業並びに405事業を利用していても、2回まで利用可能に。
405事業		補助対象経費	補助率	備考
現　行		①DD・計画策定支援費用 ②モニタリング費用	①・②：2/3（上限200万円）	
改革後	通常枠	①DD・計画策定支援費用 ②伴走支援費用（モニタリング費用） ③金融機関交渉費用※	①：2/3（上限200万円） ②：2/3（上限100万円） ③：2/3（上限10万円）※	※経営者保証解除を目指した計画を作成し、金融機関交渉を実施する場合に対象。
	中小版GL枠	①DD費用等 ②計画策定支援費用 ③伴走支援費用	①：2/3（上限300万円） ②：2/3（上限300万円） ③：2/3（上限100万円）	・中小企業の事業再生等のための私的整理手続に基づいた取組であることが交付要件。 ・第三者支援専門家費用も補助対象。

（注）　変更箇所は下線部。中小版GL枠については、中小企業の事業再生等に関するガイドラインの適用開始に合わせ、4月15日取扱い開始予定。
出所：中小企業庁「経営改善計画策定支援事業の見直しについて（2022年3月22日）」

経営者保証改革プログラム
―経営者保証に依存しない融資慣行の確立加速―

2022年12月23日
経済産業省
金融庁
財務省

●経営者保証は、経営の規律付けや信用補完として資金調達の円滑化に寄与する面がある一方で、スタートアップの創業や経営者による思い切った事業展開を躊躇させる、円滑な事業承継や早期の事業再生を阻害する要因となっているなど、様々な課題も存在する。

●このような課題の解消に向け、これまでも経営者保証を提供することなく資金調達を受ける場合の要件等を定めたガイドライン（経営者保証ガイドライン）の活用促進等の取組を進めてきたが、経営者保証に依存しない融資慣行の確立を更に加速させるため、経済産業省・金融庁・財務省による連携の下、①スタートアップ・創業、②民間融資、③信用保証付融資、④中小企業のガバナンス、の4分野に重点的に取り組む「経営者保証改革プログラム」を策定・実行していく。

1．スタートアップ・創業――経営者保証を徴求しないスタートアップ・創業融資の促進

●創業時の融資において経営者保証を求める慣行が創業意欲の阻害要因となっている可能性を踏まえ、起業家が経営者保証を提供せず資金調達が可能となる道を拓くべく、経営者保証を徴求しないスタートアップ・創業融資を促進。

（略）

2．民間金融機関による融資――保証徴求手続の厳格化、意識改革

●監督指針の改正を行い、保証を徴求する際の手続きを厳格化することで、安易な個人保証に依存した融資を抑制するとともに、事業者・保証人の納得感を向上させる。

●また、「経営者保証ガイドラインの浸透・定着に向けた取組方針」の作成、公表の要請等を通じ、経営者保証に依存しない新たな融資慣行の確立に向けた意識改革を進める。

⑴　金融機関が個人保証を徴求する手続きに対する監督強化
《主な施策》

　① 金融機関が経営者等と個人保証契約を締結する場合には、保証契約の必要性等に関し、事業者・保証人に対して個別具体的に以下の説明をすることを求めるとともに、その結果等を記録することを求める。【23年4月～】

> ➤ どの部分が十分ではないために保証契約が必要となるのか
> ➤ どのような改善を図れば保証契約の変更・解除の可能性が高まるか

② ①の結果等を記録した件数を金融庁に報告することを求める。【23年9月期
　実績報告分より】

　（※）「無保証融資件数」＋「有保証融資で、適切な説明を行い、記録した件数」＝
　　　100％を目指す。

③ 金融庁に経営者保証専用相談窓口を設置し、事業者等から「金融機関から経
　営者保証に関する適切な説明がない」などの相談を受け付ける。【23年4月～】

④ 状況に応じて、金融機関に対して特別ヒアリングを実施。

(2) 経営者保証に依存しない新たな融資慣行の確立に向けた意識改革（取組方針の
　公表促進、現場への周知徹底）

《主な施策》

① 金融機関に対し、「経営者保証に関するガイドラインを浸透・定着させるた
　めの取組方針」を経営トップを交え検討・作成し、公表するよう金融担当大臣
　より要請。

② 地域金融機関の営業現場の担当者も含め、監督指針改正に伴う新しい運用や
　経営者保証に依存しない融資慣行の確立の重要性等を十分に理解してもらうべ
　く、金融機関・事業者向けの説明会を全国で実施。【23年1月～】

③ 金融機関の有効な取組みを取りまとめた「組織的事例集」の更なる拡充及び
　横展開を実施。

(3) 経営者保証に依存しない新たな融資手法の検討（事業成長担保権（仮））

《主な施策》

① 金融機関が、不動産担保や経営者保証に過度に依存せず、企業の事業性に着
　目した融資に取り組みやすくするよう、事業全体を担保に金融機関から資金を
　調達できる制度の早期実現に向けた議論を進めていく。【22年11月～】

**3．信用保証付融資──経営者保証の提供を選択できる環境の整備（希望しない経
　営者保証の縮小）**

●経営者保証ガイドラインの要件（①法人・個人の資産分離、②財務基盤の強化、
　③経営の透明性確保）を充たしていれば経営者保証を解除する現在の取組を徹
　底。

●その上で、経営者保証ガイドラインの要件のすべてを充足していない場合でも、
　経営者保証の機能を代替する手法（保証料の上乗せ、流動資産担保）を用いるこ
　とで、経営者保証の解除を事業者が選択できる制度を創設。

●中小企業金融全体における経営者保証に依存しない融資慣行の確立に道筋を付け
　るため、信用保証制度で一歩前に出た取組を行う。

(1) 信用保証制度における経営者保証の提供を事業者が選択できる環境の整備

《主な施策》

① 経営者の取組次第で達成可能な要件（法人から代表者への貸付等がないこと、決算書類等を金融機関に定期的に提出していること等）を充足すれば、保証料の上乗せ負担（事業者の経営状態に応じて上乗せ負担は変動）により経営者保証の解除を選択できる信用保証制度の創設【24年４月〜】
（※）無担保保険の利用件数：40万件、経営者保証徴求比率92％（ともに2021年度（法人））

② 流動資産（売掛債権、棚卸資産）を担保とする融資（ABL）に対する信用保証制度において、経営者保証の徴求を廃止【24年４月〜】

③ 信用収縮の防止や民間における取組浸透を目的に、プロパー融資における経営者保証の解除等を条件に、プロパー融資の一部に限り、借換を例外的に認める保証制度（プロパー借換保証）の時限的創設【24年４月〜】

④ 上記施策の効果検証を踏まえた更なる取組拡大の検討【順次】等

⑵ 経営者保証ガイドラインの要件を充足する場合の経営者保証解除の徹底
《主な施策》
① 金融機関に対し、信用保証付融資を行う場合には、経営者保証を解除することができる現行制度の活用を検討するよう経済産業大臣・金融担当大臣から要請。【年内】

② 保証付融資が原則として経営者保証が必要であるかのような誤解が生じない広報の展開。【年内】

４．中小企業のガバナンス——ガバナンス体制の整備を通じた持続的な企業価値向上の実現

●経営者保証解除の前提となるガバナンスに関する中小企業経営者と支援機関の目線合わせを図るとともに、支援機関向けの実務指針の策定や中小企業活性化協議会の機能強化を行い、官民による支援態勢を構築
《主な施策》
① ガバナンス体制整備に関する経営者と支援機関の目線合わせのチェックシートの作成【22年12月】

② 中小企業の収益力改善やガバナンス体制整備支援等に関する実務指針の策定【22年12月】、収益力改善やガバナンス体制の整備を目的とする支援策（経営改善計画策定支援・早期経営改善計画策定支援）における支援機関の遵守促進【23年４月〜】
（※）年間計画策定支援件数：2,821件（2021年度）

③ 中小企業活性化協議会における収益力改善支援にガバナンス体制整備支援を追加し、それに対応するため体制を拡充【23年４月〜】等

第 **14** 章

財務コンサルティングの心得

財務コンサルティング業務の行動指針

　私がエフアンドエム社とともに設立、運営している経営革新等支援機関推進協議会は全国の1,700を超える会計事務所が会員となっています。会員の多くは、会計事務所としての既存事業に加えて新たな付加価値を顧問先に提供することを目的としています。

　経営革新等支援機関推進協議会は、認定支援機関業務を中心とした中小企業の経営支援推進を目的としており、経営支援の中身としては中小企業金融に関する財務コンサルティング、さまざまな補助金の活用支援、優遇税制活用支援を柱としています。補助金や優遇税制の活用も事業者のキャッシュフローの向上に寄与する取組みであり、それらの施策の活用を支援することも財務コンサルティングの業務にほかならないといえます。

　当推進協議会の会員が増加しているのは、会計事務所として財務コンサルティングという税務会計以外の付加価値を提供することを通じ、新規顧問先の開拓や既存顧問先との関係強化につなげることができるという評価を得ているからです。そこで、本章では財務コンサルティングを提供するうえでの注意点、すなわち「行動指針」をお話していきたいと思います。①金融指南、②補助金活用、③優遇税制活用支援の3つに分けて解説していきます。

金融指南における行動指針

(1)　倫理的に行動する

　金融系のコンサルティングの現場では、資金調達額の○％という成功報酬を設定しているビジネスモデルをみかけることがあります。これは諸説ありますが、私は違法ではないかと思います。いくら資金調達ができるか、金利がどのくらい安くできるのかを前面に出したコンサルティングは健全とはいえず、金融機関からみた評価もよくありません。法的に問題がない、または慣習的に行われている行為だとしても、財務コンサルティングのプロとして

の「守るべき道、道徳、モラル」をもって行動すべきです。具体的な行動規範を示すと以下のとおりです。

①　適正な資金調達を志す……経常（正常）運転資金は短期継続融資（当座貸越枠）で、設備投資のための資金は設備の償却年数にあわせた長期融資で調達しますが、資金繰りを安定させることを主軸に置き、過大な資金調達を抑制すべきです。また、金利を下げることを自己目的化せず、財務状況に見合った適正な水準への金利負担軽減を目指すべきです。

②　金融機関の立場を理解した誠実な金融取引を志向する……金融機関と有効な関係を維持することが資金繰りを安定させるための大前提となります。財務状況に応じた交渉を行うべきであり、身の丈をわきまえずに横柄な態度で金融機関と条件交渉をすることは避けるべきです。金融機関が負っているリスクも認識し、その姿勢を正当に評価して、なぜ貸してくれないかを事業者側に説明すべき場面もあります。

③　積極的財務開示を基本方針とする……経常（正常）運転資金を手形貸付（書換え）や当座貸越といった短期借入枠で賄うことを目指しますが、金融機関がそのような融資形態について消極的な姿勢をもつケースが見受けられます。返済のない融資となるので、信用リスクを感じるからです。特に所要運転資金が正常なのか（実在性）に懸念をもっています。財務コンサルタントとして、事業の実態や事業資産の実在性を的確に把握し、積極的に財務開示を行うように助言します。

(2)　してはならない行為

財務コンサルティングで以下のような行為は絶対に避けるべきです。

・新規融資の実行後３カ月以内にリスケとなることが明確なのに、さらなる資金調達を促す（まずは既存融資の早期リスケを促すべき）

・資金使途違反につながる資金調達支援、助言

・費用性支出を作為的に資産計上することで、財務をよくみせる

・悪意な粉飾行為を容認する

また、以下の行為は非弁行為に当たり違法となりますので注意してくだ

い。

・金融機関を紹介する際に手数料を要求すること
・金融機関と交渉することの対価として報酬をもらうこと
・金利を下げてもらったことの対価として報酬を要求すること
・提供するサービス内容について「金融調整」「金融仲介」という表現を用いること

TOPICS 　士業間の業際問題に係る違法行為に要注意

　私が定義する広義の財務コンサルティング業務には、金融機関との取引指南、補助金の活用支援、優遇税制の活用支援が含まれますが、それぞれの業務には国家資格を有する専門家が関係します。税務では税理士、法務では弁護士ということになります。これらの士業しか担当できない固有の業務というものが存在します。

　たとえば、金融機関との間で借入れに関して条件交渉（債務の整理）を行うこと、またその成果に紐づく報酬を得た場合は弁護士法72条に違反する場合があります。弁護士以外の者がそうした業務を行うことは非弁行為と呼ばれており、摘発事例もあります。

　事業再生のケースでは、リスケや債務免除などに向けて金融機関との交渉が必要となる場面が当然に発生します。その際に、非弁行為とならないためには、交渉はあくまでも事業者と金融機関の間で行うという建付けを守る必要があります。コンサルタントは事業者にかわって金融機関と交渉するのではなく、事業者へアドバイスをするだけという立ち位置を守って支援しましょう。

　仮に事業者と金融機関の間での調整機能が必要な場合には、身近に相談できる弁護士をブレーンに加えて対応してもらうようにします。コンサルタントとしては自身の業務内容や報酬のとり方、またコンサルティング契約書や顧客に提供する資料に法的な問題がないかを行動前に弁護士にチェックしてもらいながら業務を遂行するように心がけましょう。

他の国家資格者との間でも同様の問題が発生することがあります。士業が他の士業の独占分野を無資格で行うことが違法であるという指摘を受けることがあり、業際問題と呼ばれています。たとえば、行政への申請手続の代行業務は弁護士や行政書士の固有業務、税金計算や税務相談は税理士の独占業務、助成金の申請支援は社会保険労務士の独占業務とされています。「補助金」の申請支援は他の士業の独占業務ではありませんが（認定支援機関の関与が要件とされている場合は別）、助成金の申請支援は社会保険労務士の独占業務なので、注意しておかないと違法行為となるリスクが存在するわけです。

■ 補助金支援における行動指針

(1) 採択・受給・報告まで一貫して支援する

補助金の採択だけを目的とし、補助金受給ならびにその後の報告手続にいっさい関与しないにもかかわらず、高額な成功報酬を要求することが行政により問題視されています。しっかりと事業化まで伴走するビジネスモデルを構築しましょう。採択、受給、事業化後の数年にわたる報告の支援もサービスメニューに入れ、料金体系を作成すればいいと思います。

(2) 補助金には制約があることを事業者にしっかり伝える

収益納付や処分制限など補助金には制約があり、制約を守らなければ補助金の返還義務が発生するリスクがあることをしっかり事業者に伝えましょう。

(3) 申請のサポートに徹する

補助金の申請はあくまで事業者が行うのであって、財務コンサルタントが申請を代行することは認められていません。事業者が申請にあたって作成す

る事業計画の内容をまったく理解しておらず、費用を払って専門家にすべて任せてしまっている案件が問題になることがあります。財務コンサルタントはあくまでも申請をサポートする立場であることを認識しておきましょう。

　なお、「代行」という用語を業務の説明のために使うことができる専門家は弁護士、行政書士に限られるという意見もあります。ホームページなどでコンサルティングメニューを示す際に、「○○代行」という用語がある場合は削除したほうがよいと経営革新等支援機関推進協議会の先生方にはアドバイスしています。

■ 優遇税制活用支援における行動指針

(1) 税務に関する詳細な説明や相談は税理士に任せる

　経営革新等支援機関推進協議会の会員は会計事務所なので問題がありませんが、私自身は何の資格もないただの財務コンサルタントですから、税額の計算や税務に係る相談は受けることができません。したがって、私はグループに税理士法人を組み入れて、税務面でのサポートが適法にできるようにしています。たとえば、経営強化税制に係る税務面での助言や書面作成が必要な事例は税理士法人で対応するようにしています。

(2) スケジュール管理に気をつける

　優遇税制では補助金と同様に事業者に明確な経済的な利益がもたらされますから、優遇税制の活用支援は報酬をもらいやすく、また感謝されることも多い、やりがいのある支援業務です。しかし、優遇税制は決算申告時に適用される税制がほとんどです。つまり、決算年度内に利用を申請し、適用要件を満たすことが求められるケースがほとんどです。決められた手順とスケジュールを守らないと適用ができないことになります。実体的な要件は満たしているのに、申請方法を間違えた、あるいは間に合わなかったという事務的な不備で優遇税制を利用できなくなり、クレームにつながるケースが存在

します。

⑶　事業承継税制では取消しや訴訟になるリスクに対処する

特に事業承継支援の場面では関係者間で紛争が生じるケースが多々あります
し、特例事業承継税制の手続・要件は複雑なので納税猶予が取消しとなる
リスクがあります。こうしたリスクに対処するには、弁護士や税理士との連
携が必要となります。

（i）　納税猶予が取消しとなるリスク

優遇税制のなかには、とても大きな税額が減免、繰延となるものがありま
す。2018年に認定支援機関の関与が要件となっている「特例事業承継税制」
が施行されました。自社株の相続税評価額が高くなってしまい、後継者に株
式を承継する際の納税負担が重い事業者がこの特例税制を活用すると、後継
者に自社株を生前贈与してもその贈与税が繰り延べられるという特例です。

この特例措置を利用しようと考える経営者は、自社株の相続税評価が相当

図表14－1　相続税と贈与税の最高税率

贈与税の速算表 【平成28年1月1日以後の特例税率】			相続税の速算表 【平成27年1月1日以後の場合】		
基礎控除後の課税価格	税率	控除額	法定相続分に応ずる取得金額	税率	控除額
200万円以下	10%	―	1,000万円以下	10%	―
400万円以下	15%	10万円	3,000万円以下	15%	50万円
600万円以下	20%	25万円	5,000万円以下	20%	200万円
1,000万円以下	30%	65万円	1億円以下	30%	700万円
1,500万円以下	40%	125万円	2億円以下	40%	1,700万円
3,000万円以下	45%	175万円	3億円以下	45%	2,700万円
4,500万円以下	50%	250万円	6億円以下	50%	4,200万円
4,500万円超	55%	400万円	6億円超	55%	7,200万円

出所：国税庁ホームページより

に高額であるために納税猶予される税金も高額となり、猶予が取り消されると後継者が莫大な税金を支払わなければならなくなるリスクを認識しておく必要があります。相続税の最高税率の区分が相続財産6億円超であるのに対し、贈与税は贈与財産4,500万円で最高の税率区分に達し、控除額も少なくなっています（図表14－1）。この特例措置を利用しようとする企業は自社株評価が高いので、猶予される贈与税額も高額となるのは明らかです。

　特例措置に基づきいったん贈与等がなされると、納税猶予が開始されますので、その後は猶予が取消しとならないように、どのようなことが取消要件に当たるのかをしっかりと確認し、届出義務や要件に違反することにならないよう、どのように監督業務を行うのかを十分に検討しておく必要があります。

(ii) 他の相続人からの訴訟に巻き込まれるリスク

　特例事業承継税制により経営者から後継者への株式の贈与が円滑に行えるようになったものの、税金の問題とは別に後継者への株式の承継自体が他の相続人の遺留分を侵害するため、他の相続人から遺留分侵害請求の訴えを起こされる可能性があります。先代経営者が元気なうちはよくても、相続が発生した際の関係者間の人間関係は不明ですので、民法上の遺留分の特例（除外合意、固定合意）を活用する手続を現経営者が元気なうちに検討しておく必要があります。あわせて遺言の作成も有効でしょう。

第 **15** 章

リスケを極める

ゼロゼロ融資の返済をどう乗り切るか

　コロナ禍が拡大をみせた2020年4月以降、各種の金融支援策を受けて官民金融機関による中小企業向け貸出は大きく増加しました。いわゆるゼロゼロ融資の貸出実績は2022年3月31日までに政府系で約18兆円、民間で約37兆円の合計55兆円となっています。足下ではコロナ前比1.1倍程度の融資残高になりましたが、増分の大半は日本政策金融公庫による融資と民間とはいえ信用保証付きの融資です。

図表15－1　中小企業向け貸出の動向
中小企業向け貸出は政府系金融や保証付融資により大きく増加
・2020年4月以降、各種の金融支援策もあり、官民金融機関による中小企業向け貸出は大きく増加。（実質無利子・無担保融資等の実績は2022年3月31日までに政府系で約18兆円、民間で約37兆円）
・足下ではコロナ前比約1.1倍程度となっているが、増分の大半は日本政策金融公庫や信用保証付の融資。

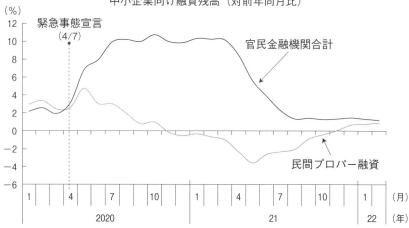

中小企業向け融資残高（対前年同月比）

（注）　官民金融機関合計は、日本政策金融公庫（中小・国民）および商工中金による貸出金（以上政府系金融機関）、国内銀行における中小企業（法人）向けの貸出金、信用金庫における法人向け貸出金（民間金融機関）の和。民間プロパー融資は、民間金融機関貸出から保証債残高を引いて算出した推計値。なお、実質無利子・無担保融資の合計値は、四捨五入の関係で約56兆円となる。
出所：中小企業庁「ウィズコロナ・ポストコロナの間接金融のあり方について（2022年6月6日）」

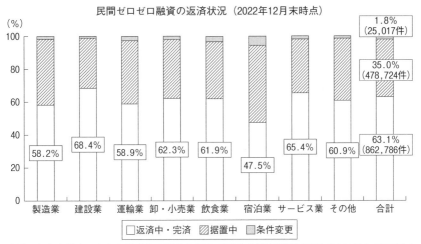

図表15－2　ゼロゼロ融資の返済状況

・民間ゼロゼロにおいても、2022年12月末時点で6割近くが返済中。ただし、宿泊業については、据置期間中と条件変更の比率が高くなっている。

民間ゼロゼロ融資の返済状況（2022年12月末時点）

製造業　58.2%
建設業　68.4%
運輸業　58.9%
卸・小売業　62.3%
飲食業　61.9%
宿泊業　47.5%
サービス業　65.4%
その他　60.9%

合計
1.8%（25,017件）
35.0%（478,724件）
63.1%（862,786件）

凡例：□返済中・完済　☑据置中　■条件変更

出所：中小企業庁・中小企業政策審議会金融小委員会「事務局説明資料（2023年2月27日）」

　一方で民間のプロパー融資は2021年中旬まで減少を続けていましたが、日本政策金融公庫によるゼロゼロ融資の借換えを引き受けるかたちで民間プロパー融資が上昇に転じています（図表15－1）。

　ゼロゼロ融資の返済状況をみると、2022年12月末時点において6割は返済中ですが、残りの4割は据置期間中かすでに条件変更（リスケ）中となっています（図表15－2、15－3）。アフターコロナにおいても業況不振が続いている事業者に対して追加資金を供給する支援策はほぼ終了しており、コロナ関連融資の返済が本格化するといわれている2023年7月以降は正常に返済ができない融資先が増加するのではないかと不安視されています。金融機関としては、プロパー融資で追加融資をするか、条件変更（リスケ）で対応するか、不良債権として処理をするかの選択が求められるようになります。

　そこで、財務コンサルティングとしては、これまでよりもいっそう「リスケ」に関する正しい知識を求められるようになります。

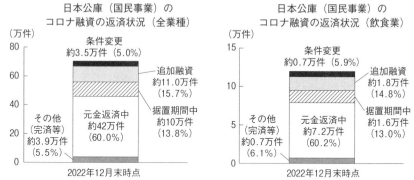

図表15－3　日本公庫（国民事業）のコロナ融資の返済状況

・2021年3月までに日本公庫（国民事業）よりコロナ融資を利用した者のその後をみても、2022年12月末時点で6割が元金返済中。飲食業においても、同様。

日本公庫（国民事業）の
コロナ融資の返済状況（全業種）
（万件）

80
60
40
20
0

条件変更
約3.5万件（5.0%）

追加融資
約11.0万件
（15.7%）

その他
（完済等）
約3.9万件
（5.5%）

元金返済中
約42万件
（60.0%）

据置期間中
約10万件
（13.8%）

2022年12月末時点

日本公庫（国民事業）の
コロナ融資の返済状況（飲食業）
（万件）

15
10
5
0

条件変更
約0.7万件（5.9%）

追加融資
約1.8万件
（14.8%）

その他
（完済等）
約0.7万件
（6.1%）

元金返済中
約7.2万件
（60.2%）

据置期間中
約1.6万件
（13.0%）

2022年12月末時点

（注）　2021年3月末までに日本公庫（国民事業）のコロナ融資を利用した約70万先について、2022年9月末時点それぞれの返済状況を記載。

出所：中小企業庁・中小企業政策審議会金融小委員会「事務局説明資料（2023年2月27日）」

条件変更（リスケ）とは何か？　借換えとの違いは？

　金融機関では「リスケ（リスケジュール）」の通称で認知されている返済猶予手続ですが、正式には「貸出条件の変更」を指し、「条件変更」とも呼ばれています。契約条件の変更のなかで問題なのは返済条件の緩和ということになります。返済条件の緩和に応じた貸出債権を貸出条件緩和債権と呼びます。金融機関は原則、それを不良債権として扱うことになります。

　事業者や会計事務所等にとって、わかりにくいのがリスケと借換えの違いです。

　既存の融資の返済が厳しくなってきたので、残り3年で返す予定だったのを5年の長期融資（証書貸付）に組み直してもらった場合、図表15－4のように毎月の返済額が減少します。これは、たしかに返済条件緩和型の融資の取組みですが、「借換え」であってリスケ（条件変更）ではありません。

　組み直した後の融資は新たに取り組む融資であり、その融資によって元の債務残高をすべて返済しますので、条件変更には該当しません。「借換え融

資」といって何ら問題のない正常な融資です。リスケとの違いは、新たな融資として契約を結ぶかどうか、このケースでいうと証書貸付契約を新たに金融機関と結ぶかどうかです。条件変更で返済を減額した場合、新たな証書貸付契約を取り交わすのではなく、従来の証書貸付契約の返済条件を変更する

図表15－4　既存融資の借換えの例

もともと 1,500万円を5年・60回返済で借入れ　25万円／月の返済
2年後に資金繰りが厳しく（借入残高900万円）　↓ 900万円を5年・60回返済に組直し　15万円／月の返済

出所：著者作成

図表15－5　条件変更契約書の例

条件変更契約書

　貸主（以下「甲」という。）と借主（以下「乙」という。）は、○○年○○月○○日付金銭消費貸借契約（以下「原契約」という。）に基づき、甲から借り入れた金○○○○円也（現在残高金○○○○円也）の返済について、以下の通り変更する契約を締結する。

　以下の契約を変更する。

（原契約の表示）

① 元金　　　金10,356,000円

② 利息　　　年2.00％

③ 返済期限　2033年10月31日

④ 返済方法　返済金は金○○○○円

（変更後の契約）

① 残元金　　金○○○○円

② 利息　　　年2.20％　←半年ごとに見直し

③ 返済期限　2033年10月31日　←返済期限は変えない

④ 返済方法　返済金は金○○○○円（ただし、2023年4月1日から2023年9月末までの期間）

出所：著者作成

図表15−6　リスケと借換えの比較

呼　　称	リスケ（条件緩和）	借換え融資
内　　容	・原則6カ月（1年）の間、金融機関ごとに公平に按分（プロラタ）返済を行う ・条件変更契約書を取り交わす ・半年ごとの更新手続となる	・返済負担軽減のため。たとえば、残存期間3年の長期を5年に借り換えるようなケース ・契約書は新たな証書貸付であり、条件変更とは呼ばない

出所：著者作成

内容の契約書面「条件変更契約書」を取り交わします。

　上記のような返済負担を減らすための「借換え融資」を行うと、当初の返済期日より返済完了までの期間は長くなります。それを許容するのは、事業者に信用がある場合です。事業者により長期の融資への借換えに見合う信用がない場合は、条件変更＝リスケの適用を検討することとなります。

　条件変更契約書は図表15−5のように基本的には半年の期限となっており、半年ごとに条件変更契約書を取り交わします。事業者はキャッシュフローの改善状況をみながら、半年ごとの返済額を金融機関と相談しながら決めることになります。長期の返済負担軽減の約束はできないが、半年ごとなら許容できるという考え方です。これが借換えとリスケの大きな違いです（図表15−6）。

資金繰りに窮した場合は早めの相談を

　資金繰り状況によっては、リスケ（返済猶予）を検討しなければいけないケースも出てきます。

　しかし、返済をやめること（減額すること）は、経営者にとって大きな不安となります。「リスケをしたらどうなるんだろう？」「預金口座は差押えになるのか？」「クレジットカードは使えなくなるのだろうか？」などとリスケに対して過剰に不安を覚えることから、経営者はすがるように、できる限り資金調達を続けようとするでしょう。

そうなると、最後にリスクをとってくれた金融機関に大きな迷惑をかけることになります。金融機関では、新規貸出を行ってから３カ月以内に条件変更となった場合、どんな融資判断をしたのかと支店長以下の担当職員に対して厳しいペナルティが課されるのが一般的です。

　リスケをしても、事業活動に差し障りが出るわけではありません。ただし、新規融資が受けにくくなります。そこで、金融機関にリスケを依頼する場合には、リスケによって資金調達ができなくなることを見越したうえで、資金に余裕があるうちに早めにメイン金融機関等に相談することが重要です。資金不足となる半年くらい前がベスト、遅くとも３カ月前には相談すべきでしょう（資金不足とはどのような状況をいうのかについては14頁参照）。

　とはいえ、実際にリスケを申請すべきかどうかについては、事業者自身も不安が大きく、決断に迷うケースも多くあります。次のような状況であれば、リスケの適用が望ましいといえると思います。

・債務超過に至るような大幅な赤字に転落し、その後も業績回復が芳しくなく、金融機関から新規融資が受けられない状態
・業績不振でキャッシュフローがマイナスの状態が続いているが、ゼロゼロ融資の資金が手元にあるので資金繰りは当面（半年程度）問題ない
・ゼロゼロ融資の返済開始もあり、毎月の返済負担が大きくなってきた。既存の融資の返済を追加の融資でまかなってきたが（資金繰り償還）、十分な金額の追加借入れができず、すぐにまた資金不足になってしまう
・メインバンクから資金繰りが苦しい場合は返済猶予もしますよといわれた
　このような局面であれば、金融機関側はリスケもやむなしと判断してくれます。

　金融機関にとって、自ら事業者に「リスケしましょう」と申し出るのは、もう融資ができないという意向を明示するのと同じことになります。リスケ後は新規の融資に応じにくくなるという問題も存在することから、金融機関から積極的にリスケしましょうとは言い出しづらい面があるわけです。しかし、本音では、このままだと新規融資がむずかしくなるのが目にみえているので、どうせ融資ができなくなるなら、早めに返済をやめて、いまある資金

を有効に使ってほしいという考えをもっています。

　したがって、資金繰り計画を策定し、このままだと資金不足に陥ってしまうという状況をメインバンクと早めに共有するほうが得策です。そのメインバンクの反応を確認して、新規融資は厳しいということであれば、すぐにリスケ適用の相談をしましょう。

　リスケは悪いこと、経営者としてしてはならないことという間違った認識のもと、とにかくさまざまな金融機関に借入れを依頼するケースがあります。なかには、これまで取引のなかった金融機関からも資金調達をしようとするケースもあります。仮に、さらなる資金調達ができても、2〜3カ月分の返済原資程度の資金調達であれば、単なる時間稼ぎにすぎず、返済につれて預金残高がどんどん減っていきます。

　追加の資金調達よりも、早めのリスケ導入で少しでも多くの運転資金を確保すべきだという考え方の転換が必要です。リスケをしても資金繰りが回らないのであれば、追加の資金調達をしても無駄ということを認識しておかないといけないのです。

リスケ導入はメインバンクがカギを握る

　金融機関は原則的に、「メインバンクがリスケに応じるなら、文句をいわず追随（認容）する」という行動をとります。したがって、まずはメインバンクに相談し、追加融資をするか、リスケをするかを最終的にメインバンクに判断してもらうのが適切なリスケ導入に向けた最初のステップです。

　リスケの適用において「メインバンク」とは、単純に融資残高の大きい金融機関を指します。しかし、たとえば、A銀行は信用保証協会付融資のみで1億円（責任共有（注）2割）、B銀行はプロパー融資で8,000万円の融資取引をしている場合、事業者としてはB銀行のほうをメインバンクとして受け止めている可能性があります。

　信用リスクを最も大きくとってくれている金融機関がメガバンクであるという認識は間違ってはいないのですが、この考え方をリスケの現場に持ち込

むと、どこがメインバンクなのかの判定が複雑になり、意見が分かれてしまいます。金融機関の間ではリスケの条件等の取決めはメインバンクの意向に追随するという紳士協定も存在するので、ここは形式的に融資残高の大きい金融機関をメインバンクとするのが一般的なルールとなっています。

(注)　信用保証協会付融資は原則100％保証（信用保証協会が全額責任を負う＝責任共有対象外）だったのですが、2007年から金融機関が2割、信用保証協会が8割で責任を共有する制度（責任共有制度）が導入されました。コロナ関連融資など融資制度の種類によっては、信用保証協会が100％保証する制度も残っています。

とはいえ、金融機関の役職員は債権保全について善管注意義務を負っているので、上記のようなケースで、A銀行が融資残高の大きさではメインであるからといって、B銀行がA銀行と事業者の間で取り決めるリスケの条件に簡単に応じてくれるとは限りません。やはりB銀行との間で個別の協議が必要になります。

■ 条件変更＝返済猶予を具体化するためには十分な時間が必要

リスケ導入の際には、その事業者に融資をしているすべての金融機関が債権保全において公平な条件となるように調整する手続が必要となります。リスケはすべての金融機関による合意のもとに実行される金融支援です。ある金融機関への返済は正常に継続されるが、別の金融機関への返済は全額が猶予されるなど不公平なことにならず、すべての金融機関が納得するために以下のようなルールが設けられています。

① 　リスケでは原則として半年ごとに返済条件を見直します。取引金融機関が足並みをそろえ、条件変更契約を半年ごとに取り交わします。また、契約日付もあわせます。

② 　実務的には半年ごとに返済を見直し、それについてすべての金融機関の合意を取り付けるのは煩雑となるため、3年間のリスケを容認する合意形成を行います。個別に金融機関ごとに合意を取り付けてもいいのですが、

金融機関の数が多い場合などはバンクミーティングを開催したほうが効率的であるともいえます。バンクミーティングの開催場所としては、メインバンクの支店や信用保証協会の会議室などを利用させてもらうのがいいでしょう。

③　信用保証協会も債権者（金融機関）の１つとして合意を取り付ける対象であり、ミーティングへの参加を呼びかけます。

④　３年間どのような返済猶予をするのかを決める根拠として、３年間の返済原資を正確に算出した経営改善計画の策定が求められます。

⑤　条件変更した貸付債権は各金融機関にとって原則不良債権となります。不良債権とならないためには、事業者が実抜計画（合実計画）を策定する必要があります。

⑥　経営改善計画（実抜計画は５年、合実計画は10年）に記載された３年間のキャッシュフローをもとに、それぞれの金融機関への毎月の返済額を決めていきます。そして、すべての金融機関が３年間の返済額が妥当であり、どの金融機関も公平な返済猶予の内容となっていることを確認して合意形成が行われます。

⑦　経営改善計画で算出されるフリーキャッシュフローの80％程度を返済原資とし、一定のルールにのっとって各金融機関への返済額を決めていきます。こうしたルールの１つとして、単純に借入残高に比例して返済額を算出する方式を残高プロラタ（プロラタはラテン語で按分という意味）といいます（図表15－７）。一方、信用リスクの大小（貸付債権のうち無担保部分の残高）に比例して返済額を算出する「信用プロラタ」という考え方もあります。

⑧　事業者はその後３年間にわたり、「モニタリング」と称する経営改善計画の進捗状況の報告を行います。報告は一般的に半年ごとに行うこととされています。

⑨　３年間のモニタリング期間が経過した場合や、モニタリング期間内に再度返済猶予の条件が変更となる場合は、あらためて取引金融機関の合意の取付けが必要となります。

図表15－7　残高プロラタの例

条件変更（返済猶予）前		
金融機関	借入残高	毎月返済額
A銀行	12,000万円	200万円
B銀行	5,000万円	300万円
C銀行	3,000万円	0万円
合計	20,000万円	500万円

条件変更（返済猶予）後		
プロラタ返済：返済可能金額30万円		
金融機関	毎月返済額	残高シェア
A銀行	18万円	60.0%
B銀行	7.5万円	25.0%
C銀行	4.5万円	15.0%
合計	30万円	100.0%

リスケ中の返済
プロラタ返済

条件変更前の借入残高
の比率と毎月の返済額
の比率を一致させる

出所：著者作成

リスケを適用するかどうかの
判断のボールはメインバンク
に早めに投げる

　前述したようにメインバンクがリスケに応じる場合、他の取引金融機関も
追随して応じるという紳士協定があります。事業者がメインバンクにリスケ
の相談に行くと、事業者の状況にあわせて本格的な経営改善計画書（実抜計
画等）の提出や、その計画の説明と関係する金融機関の合意形成のためのバ

ンクミーティングの開催（または金融機関個別に合意書を取り付ける手続）が要求されます。コロナ禍においては、ミーティング開催がむずかしかったため、合意書を個別に取り付ける手続が主流でした。なお、会計事務所等の認定支援機関が実抜計画等の策定を支援する際には、経営改善計画策定支援事業（＝通称405事業）が利用できます。

■ リスケに応じる金融機関の本音

　リスケ＝条件変更とは、端的にいえば契約違反です。通常の商取引で契約違反となれば、経営者は債権者に対してまず謝罪し、明確な原因と正常化に向けた改善の方法について真摯に説明する必要があるでしょう。しかし、コロナ以後、金融機関はリスケを簡単に容認するようになっています。

　こんなにあっさり返済猶予が認められるとは思わなかったという経営者も少なくなく、リスケという状態が異例な状態であるという認識がなくなり、正常化に向けて積極的に経営改善に取り組む姿勢がなくなってしまうケースも見受けられます。リスケをしたからもうお金は借りられない、不良債権だから金融機関とはもう正常な関係に戻れないと、なかば経営改善をあきらめてしまう経営者もいます。

　リスケの現場には「卒業」という言葉があります。経営者にはリスケが正常でない状態であることを認識し、いち早くリスケを卒業し、金融機関との正常な取引に戻るべきという強い改善意識をもってもらいたいものです。そのためには、金融機関がどのようにリスケする事業者をとらえているかを知ることも重要です。金融機関の本音は次のようなものでしょう。

・リスケを適用したならば、再生に向けた抜本的な改善、改革に真剣に取り組んでほしい。

・この際あらゆる財務面の膿みを出し切り、実態をみせてほしい。

・資金調達はできなくなることも加味して、返済猶予をうまく再生に活かしてほしい（返済はゼロでも問題ないので、スクラップ＆ビルドに係る設備投資に必要な資金を積み立ててほしい）。

・原則３年程度で卒業が望ましいが、あわてる必要はない。再リスケだけは勘弁してほしい。

・リスケ中でも、設備投資や事業存続のために必要な融資は不可能ではない。

・どうせリスケするなら早めのリスケが有効（１カ月後に資金不足に陥るといわれても手の打ちようがない）

つまり、「リスケは契約違反であり、遺憾なことだが、コロナ禍などやむをえない事情も理解できる。まずは事業者が自らの実態をしっかり把握、開示して、一から出直す覚悟をもって取り組んでほしい。あわてる必要はない。着実に改善が見込めれば、リスケ中といえども前向きな融資には対応が可能である」という考えが本音なのです。

そこで、こうした金融機関の本音を経営者に伝え、経営改善をあきらめてしまうなんてもったいないと経営者を鼓舞し、しっかりとした経営改善計画を策定し、確実に予実管理を進め、卒業を目指して伴走できる存在が求められます。それが財務コンサルタントです。伴走役となる財務コンサルタントは、適切な実抜計画（合実計画）の策定から、金融機関への計画の説明、合意形成、その後のモニタリング報告まで支援します。

経営改善計画の作成について

まず、そもそもどのレベルの経営改善計画を必要とするのかメインバンクと相談します。ポイントは次のとおりです。

・何年計画とするか

・財務DDはどこまで行うのか

・返済猶予のあり方（１年目の返済はゼロでいいか）

・バンクミーティングの必要性

ただし、財務コンサルタントとして支援しようと思っていても、中小企業活性化協議会を通じて経営改善計画を策定してほしいといわれたら、計画策定を支援する財務コンサルタントは中小企業活性化協議会が紹介するコンサ

ルタントになる場合もあります。

　メインバンクに相談を始めたら、同時に他の融資取引のある金融機関にリスケ適用の予定があること、その実行時期の予定を早めに告知します。

　経営改善計画は原則リスケ導入後1年以内に作成すればよいとされていますが、さすがにそれは認められず、3カ月程度で作成するのが理想です。

　バンクミーティングが必要な場合、場所とスケジュールをメインバンクと相談し決めていきます。

　経営改善計画（実抜計画等）ができあがったら、関係する金融機関に事前に送付します。バンクミーティングの開催1カ月前までには送付し、2週間前までに意見、質問をもらうように回答期限を切っておきましょう。ミーティングの当日に初めて計画数値や金融支援案をみせることは避けるべきです。

　バンクミーティング等を経て取引金融機関の金融支援が決まると、3年程度のモニタリング期間が始まります。この期間中は、3カ月または6カ月ごとに経営改善計画の進捗をチェックします。経営改善計画に対する達成度が80％を割り込むと、計画自体の見直しが必要という考え方があります。しかし、実態は再作成が行われるケースは少ないようです。

　アフターコロナにおいては、改善計画に対して実績が大幅に悪化しているケースも増えているでしょう。仮にそうであっても、ここから経営者が踏ん張るという姿勢をみせていきたいものです。

　金融支援を決めた金融機関は、無理をせず現実的な計画に沿った着実なキャッシュフロー改善を望んでいます。その可能性が見込まれる限り、リスケの継続は認められるといえます。

リスケからの卒業方法

　金融機関にとって事業者がリスケからの卒業を目指すことは望ましいことではありますが、重要なのはリスケが繰り返されないようにすることです。金融機関は、「卒業して再度リスケ状態に戻ってしまうことだけは避けた

い」という思いをもっています。

　リスケからの卒業方法としては、キャッシュフローの改善が進み、毎月の返済が増額されて相応に返済が進んだ後、借入れの総額とその時点のキャッシュフローの関係をみて、プロラタ返済の状況から10〜15年の新たな長期借入れに切り替えることができるかどうかを見定めることになります。

　前述したように、あわてる必要はありません。安定したキャッシュフローが見込まれる段階で、余裕をもった卒業に向けた資金計画を策定すればいいのです。

　卒業させていいかどうか、どのような借換え融資で卒業支援を行うのかは、金融機関ごとに判断基準が異なりえますので、卒業に向けた資金計画策定にはバンクミーティング等による金融調整が必要となります。卒業支援に積極的な金融機関が、卒業させることに消極的な金融機関の借入金を取り込んだ借換え融資を行い、卒業時には金融機関取引が再構築されるということも起こりえます。

　もしリスケから卒業できなくても、経営を継続することはできますので悲観する必要はありません。しかし、新たに融資を受ける道が断たれる（まったく断たれるというわけではありません）などデメリットは大きいので、やはりリスケの更新を続け、いつかは借換えにより返済を再開する道を経営者は目指すべきです。

第 16 章

補助金を極める

アフターコロナにおける補助金活用支援

　現在では事業者だけでなく、事業者を支援する立場にある金融機関や会計事務所等において、「ものづくり補助金」や「事業再構築補助金」などの補助金に対する認知度が高くなり、中小企業ならばだれもが一度は利用したことがあるのではないかと思えるくらい補助金の存在感が高まっています。

　この背景には、2012年からのアベノミクスがあります。それまで補助金の存在は一部の事業者やコンサルタントにしか知られていませんでした。審査内容や採択率が公表されていない補助金が多く、予算規模が小さいためか公募期間も短く、申請にあたってもどのような申請書を書けばいいのかわからないし、そもそも間に合わないということから、補助金利用に長けている人にしか申請や支援ができない状況でした。

　ところが、アベノミクスは2012年度補正予算で当時では破格の1,000億円という大規模予算を用意し、それまで存在していたサポイン事業（戦略的基盤技術高度化支援事業）を中小企業が使いやすいように変革した「ものづくり補助金」の内容を公表、その活用促進に向けて認定支援機関の関与を申請の要件としました。

　そして、2020年にはコロナ禍が始まり、その深刻な影響を受けた事業者を救済するために「事業再構築補助金」が創設されました。この予算規模1兆円を超える、史上最大ともいえる中小企業経営支援策は注目を浴び、おおいに利用されました。

　補助金の活用支援は財務コンサルティング業務の一環であると説明しましたが、その業務を遂行するうえで知っておくべき知識と心得がありますので、本章ではそれらを紹介したいと思います。また、アフターコロナにおいては、国や自治体の補助金施策がどのようになっていくのかにも触れたいと思います。

そもそも補助金とはどういうものか？ 助成金、給付金との違いは？

　補助金は予算主義、助成金は要件主義といわれています（混同して使っているケースも見受けられますが）。この違いを理解すると、補助金の特徴がよくわかります。

　補助金は予算主義であることから、国会や自治体で予算を決め、公募というかたちで受給希望者を募ります。そして、一定期間で募集を締め切り、審査を行います。予算額が決まっているので、希望者が多ければ足切りを行います。このプロセスを採択（不採択）といいます。つまり、予算額の多寡によって採択率が異なります。

　事業再構築補助金はとても人気のある補助金ですが、創設時には予算額が約1兆円と所管の経産省でも史上最大規模でしたから、2年間にわたって計6回の公募が行われ、採択率は40％程度、約6万件が採択されました。その後、約6,000億円の予算に縮小しましたが、同様の採択率で制度が継続しています。

　一方、助成金は要件主義といわれ、基本要件に該当すれば支給されると考えることができます。補助金のように審査により合格・不合格ということはありません。つまり、公募という考えはなく、予算がなくなると同時に受付終了になります。

　事業再構築補助金は認定支援機関の関与が必要な制度ですが、助成金の申請支援は社会保険労務士の固有業務とされています。

アフターコロナにおいてはより使いやすくなる

　予算は省庁ごとに縦割りで組まれるので、さまざまな補助金は所管する省庁ごとに存在し、窓口も異なることが多かったのですが、最近、ユニークな運用がなされるようになりました。

　産業雇用安定助成金（事業再構築支援コース）は厚生労働省管轄の助成金

図表16-1　産業雇用安定助成金（事業再構築支援コース）の支給額

対象労働者に支払われた賃金の一部に相当する額として、下表の金額が支給対象期（6カ月）ごとに支給されます。

	中小企業	中小企業以外
助成額	280万円／人	200万円／人
助成対象期間	1年	
支給方法	140万円×2期	100万円×2期

出所：厚生労働省ホームページ

です。新型コロナウイルス感染症の影響等を受けた事業者が、新たな事業への進出等の事業再構築を行う場合に、当該事業再構築に必要な新たな人材の円滑な受入れを支援するものです。

　本助成金のユニークな点は、中小企業庁の実施する「事業再構築補助金」の交付決定を受けている事業者に対して支給されることです。他省庁の補助金が交付されることを要件に別の省庁の助成金が給付されるというのは、これまでにない取組みです。

　また、本制度は「助成金」ですから審査はなく、要件を満たせば、事業主に対して、対象労働者1人当り図表16-1の金額が支払われ、最大5名まで1,400万円の支給が可能です。

　ほかにも家庭の省エネのための住宅改修に関する経産省、環境省、国交省の各種の補助金について共通のホームページからの申請を可能とするなど、3省連携でワンストップ対応を行う取組みが出てきています。補助金がわかりにくい、使いにくいといわれていた時代からすれば、随分と利用しやすい環境が整っています。

補助金活用支援ではスケジュール管理が重要

　補助金は予算主義であることから、年度内予算消化が原則となっていて、それに沿ったスケジュールで進みます。公募が行われ、採択を受けた事業者

図表16-2　ものづくり補助金の実施時期

●令和4年度補正〜令和6年度にかけて、切れ目なく事業を実施する。

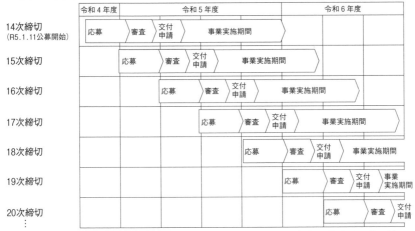

出所：中小企業庁「ものづくり・商業・サービス補助金令和4年度2次補正予算関連2.0
　　　版（令和5年1月）」

は一定期限までに支給を確定する手続を終わらせる必要があります。

　コロナ前では、春先にものづくり補助金の公募が始まり、次いで持続化補
助金、5月には事業承継補助金というように毎年同じ時期に同様の補助金の
公募が行われるので、このスケジュールにあわせて投資計画を立てる必要が
ありました。ところが、アフターコロナにおいては、ものづくり補助金は通
年公募している状況にあります（図表16-2）。

補助金は返さなくていい？

　補助金は融資と違って返済不要です。つまり、事業者の収益となります。
ただし、補助金を利用した事業について一定以上の利益が発生した場合は、
その一部を返還しなくてはならない「収益納付」というルールがあります。
補助金の受給支援を行う財務コンサルタントとしては、この点をしっかりと
理解しておく必要があります。

　収益納付について、「いままで収益納付した企業はないから心配ない」「利

益はあがっていないという報告をしておけばいい」という間違った情報を伝えたり、指導したりしているコンサルタントがおり、問題視されています。その結果、後述のいい加減な事業化状況報告につながっているということがいえます。

　まずは収益納付の正しい計算方法を理解しましょう（図表16－3）。利益があったらその全額を返還しなければならないというわけではありません。どの程度の納付額になるかを計算することで、納付額が思ったほど大きくなく、安心できるケースもあるのです。

　図表16－3の「納付する金額の算出式」をみてください。ここで［A］の

図表16－3　収益納付の計算方法

> ◇収益納付の対象：補助金の交付を受ける事業者
> 　ただし、以下を満たす企業は求めない。
> 　ⅰ）直近3年間のいずれかの年に赤字を計上した企業
> 　ⅱ）相当程度の雇用創出等の効果によって公益への貢献が認められた企業
> 　　※赤字とは、営業利益、経常利益、純利益のいずれかが、単体決算で赤字の場合を言う。
>
> ◇納付を求める期間：補助事業終了後5年間
>
> ◇納付する金額の算出式
>
> > （収益［A］－控除額［B］）×（投資額全体に対する国の補助金の比率
> > ［C／D］）－納付累積額［E］
>
> ※収益［A］－控除額［B］＞0となる場合のみ、収益納付が必要。
> ※納付金額は補助金の交付額の範囲内。
> 　［A］：補助事業に係る製品・部品等の営業損益（売上高－製造原価－販売管
> 　　　　理費等）の累計額
> 　［B］：投資額全体のうち事業者が自己負担によって支出した額
> 　［C］：補助金額
> 　［D］：投資額全体
> 　［E］：（前年度までに収益納付を行っている場合の）累計額
> 　　　　　　　　　　　　　　　　※正確な定義は公募要領を御確認ください。

出所：経済産業省資料

図表16－4　補助事業に係る営業利益の算出例

当該製品の製造プロセス			
A	B	C	D
15%	15%	30%	40%
		補助事業が寄与する工程	

→製造工程における寄与率は 3 割とみなして計算
　算出された営業利益×30％＝［A］補助事業による収益
出所：著者作成

数値は、補助事業の成果を利用している製品の販売金額に対応する製造原価と販売管理費等を計算し、補助事業に係る営業利益を算出して求めます。もっとも、個別原価管理を行うことまでは求められておらず（中小企業ではそこまでできないところがほとんどなので）、「直近の決算年度の売上げ－営業利益＝売上原価率」を基準にして計算します。さらに、事業貢献割合（製品（サービス）をつくる（提供する）過程において補助事業が貢献している割合）という考え方があって、補助事業に係る製品やサービスの営業利益に事業貢献割合を乗じて［A］の金額を求めます（図表16－4）。

　補助事業に係る営業利益［A］から投資額全体のうち事業者が自己負担によって支出した額［B］（［D］－［C］の金額を示します）を控除し、それに補助金額［C］／投資額全体の金額［D］をかけて、前年度までの収益納付の累計額［D］を控除すると、納付額が算出されます。

事業化状況報告

　収益納付で返還が必要となるか、具体的にいくら返還しなくてはいけないのかについては、事業化状況報告という手続を通じて確認します。事業化状況報告とは、補助事業で取り扱う商品やサービスに係る補助事業完了後の売上げ、収益の状況を報告することをいいます。通常毎年 1 度、計 6 回にわたる報告が義務となっています。

補助金をもらってから6年にわたって報告義務があるのです。ふだんなじみのない作業であるため、事業者には事業化状況報告の計算方法についての知識が乏しく、適切な報告がなされないことが問題になっています。

　事業化状況報告では事業化段階という考え方があり、次のように全部で6つの段階があります。もっとも、これは事業化されたことを前提としており、事業化されなければ「事業化なし」と報告します。

第1段階：製品販売に関する宣伝等を行っている

第2段階：注文（契約）がとれている

第3段階：製品が1つ以上販売されている

第4段階：継続的に販売実績はあるが、利益はあげていない

第5段階：継続的に販売実績があり、利益をあげている

　この事業化状況報告の実態を国が調査したところ、実にいい加減な報告しかなされておらず、問題となりました。補助金申請時の事業計画書には売上げ、収益をどのようにあげていくのかのスケジュールを記載しています。その計画とまったくかけ離れた、低調な事業化段階の報告ばかりだったのです。補助金を受給した後、約半数の事業者が「事業化なし」か、「事業化段階1」、つまり売上げがまだあがっていない状態という報告でした。

　しかし、これは実際に、事業化の状況が低調ということではなく、事業化が進んでいるといってしまうと収益納付がすぐに発生するのではないかという懸念から、報告自体がいい加減な状況であったと推測されます。これを受けて、最近の補助金申請書においては、認定支援機関が事業化のフォローとその状況の最終報告まで責任をもって支援するという内容の誓約を記載する欄が設けられています。

補助金で取得した財産の処分禁止

　収益納付に加えて、補助金活用支援を行うコンサルタントとして、しっかり把握しておくべきルールがあります。原則として、補助金で取得した資産を譲渡したり、貸し出したり、廃棄したりすることはできません（これらを

総じて処分といいます）。

　一定の要件を満たした場合にのみ資産を処分することができます。処分というと廃棄してしまうという意味にとれますが、貸し出したり、担保に供したりすることも処分に含まれます。この点をしっかり認識しておきましょう。

　もっと正確にいうと、「補助金で取得した財産の処分」とは、「補助金で取得した施設・設備などを補助金等の目的に反して使用・譲渡・交換・販売・貸付・担保などに供し、または取り壊すこと」をいいます。取得した資産のうち、単価50万円（税抜）以上の機械、器具その他の財産は財産処分制限の対象となり、一定期間、勝手に処分することは認められません。

　こうした制限は各種の補助金交付規程にて明記されています（図表16－5）。

　補助金で取得した財産処分の禁止において、気をつけておくべきポイントは次のとおりです。

①　決められた期間内は処分ができない……交付規程においては、財産の処分を制限する期間が定められています。一般的には、処分を制限する期間は、減価償却資産の耐用年数等に関する省令を準用しています。かなり長期間にわたって処分ができないのです。

②　承認を取れば処分は可能……しかし、それだけ長い期間にわたっていっさい処分ができないというのも、経済性の観点から現実的ではありません。そこで、所定の機関の（事業再構築補助金でいえば中小企業基盤整備機構）の承認を得ることで財産処分が可能となります。財産が災害により使用できなくなった場合など継続保有するよりも処分したほうが経済的にも社会的にも有益だという判断ができれば処分が認められる運用となっています。

③　処分で得た利益は返還しなくてはいけない……財産の処分で利益を得た場合は全部または一部を納付しなければなりません。

図表16－5　財産処分を禁止する事業再構築補助金の交付規定

（財産の処分の制限）
第24条　取得財産等のうち、処分（補助金の交付の目的に反する使用、譲渡、交換、貸付、担保に供する処分、廃棄等をいう。）を制限する財産（以下「処分制限財産」という。）は、取得価格又は効用の増加価格が単価50万円（税抜）以上の機械、器具及びその他の財産とする。
2　処分制限財産の処分を制限する期間は、減価償却資産の耐用年数等に関する省令（昭和40年大蔵省令第15号）を準用する。なお、中小機構が別に定める場合には、その期間とする。
3　補助事業者は、前項の規定により定められた期間内において、処分制限財産を処分しようとするときは、あらかじめ様式第12－1による承認申請書を中小機構に提出し、その承認を受けなければならない。
4　補助事業者は、前項の承認を受け、処分制限財産を処分した場合、様式第12－2による承認通知書に記載がある書類を様式第12－3による財産処分報告書に添付して中小機構に提出するものとする。
5　補助事業者は、処分制限財産が災害により使用できなくなった場合若しくは立地上又は構造上危険な状態にある場合の取壊し又は廃棄を行った場合は、第3項の規定にかかわらず、様式第12－4による財産処分報告書を中小機構に提出することにより、財産処分の承認を受けたものとみなすことができるものとする。
6　中小機構は、補助事業者が処分制限財産を処分することにより収入があり、又はあると見込まれるときは、様式第12－5による納付通知書により、当該処分制限財産に係る補助金額を限度として、その収入の全部又は一部を納付させることができるものとし、補助事業者は当該納付命令にしたがって納付しなければならない。

出所：中小企業等事業再構築促進補助金交付規程8頁

補助金は何度でも、また同時に複数の補助金を受けることができるのか？

　補助金は基本的に何度でも、同一年度に複数の補助金を受給することが可能です。また、国の補助金以外に都道府県の補助金も利用できます。

　ただし、同一の内容の対象事業について重複して補助金を利用することはできません。たとえば、事業再構築補助金とものづくり補助金を同じ事業者が同時に申請することはできるのですが、同じ事業内容である場合は複数の

補助金を申請することはできません。

　また、IT化（システム導入）による業務効率化を目指してものづくり補助金にチャレンジすることはできるのですが、システム投資による合理化のみを目的としている場合にはIT導入補助金があるので、ものづくり補助金の採択は要件にはまらない（重複しているので）ので採択されないのが実情です。国は重複した目的に予算を編成しないからです。

■ 補助金と助成金の違いがわかれば補助金の採択率は上がる

　補助金の活用支援を行う際に、財務コンサルタントとしてぜひ理解しておいていただきたい考え方があります。補助金には審査があります。数多くの応募者のなかから採択者を選別するためです。補助金と助成金の違いはこの審査があるかどうかです。

　助成金は要件を満たせば支給されますが、補助金は審査で合格（採択）しないと支給されません。この違いは、両者の目的が異なることと密接な関係があります。その点を理解すると補助金の採択率もぐんと上昇するのではないかと思います。

　一言でいうと、補助金は投資リスクを軽減するもので、助成金はコストを助成するものだといえます。製造業を例にとって考えてみましょう。

　生産設備が老朽化してきたので、既存の設備の最新型の機種を取得したい事業者があるとします。「最新型の機械設備は1,500万円ですが、補助率2分の1のものづくり補助金を利用すれば750万円の負担ですむ……」。

　この考え方に基づいて申請した補助金はほぼ採択されません。現状の設備を新しくするだけではなく、3,000万円くらいの最先端の機械設備を導入して、いままでやったことのない新たなチャレンジをしてみませんか？　これが補助金の主旨なのです。

　いままでと同じことをやるための補助金はほぼ存在しないと考えておいたほうがいいでしょう。新分野へのチャレンジだからリスクがあります。その

リスクを補助金が半減（3分の2減）してくれるという考え方で補助金申請に取り組めば、自然に革新性や優位性が高まるので収益性も見込めることになり、審査の点数は総じてアップするのです。

一方、環境の悪化で現在の事業の存続が危ぶまれる場合に、たとえば、人件費を助成する制度が雇用調整助成金ということになります。

助成金の制度主旨との違いを理解すれば、補助金活用を支援するコンサルタントとしては、補助金をもらうなら、新しいことにチャレンジしましょうと助言すべき理由がご理解いただけるのではないでしょうか。

アフターコロナにおける補助金政策の方向性

国としても、補助金を使って先端的な設備投資へチャレンジしてほしいという思いを明確にするために、2024年度のものづくり補助金では、認定を受けた設備・システムについて重点的に支援を行う類型を創設予定とのことです。業種・業態に共通する生産性向上に係る課題を解決することを目的としています。

事業者が個別に事業内容を説明して審査を受けるのではなく、機械メーカーが国に対して、その機種の先端性や機能の革新性を説明し、お墨付きをもらう。そのお墨付きのある機種ならばほぼ補助金は採択されるという流れになるのかなと思います。

また、アフターコロナの補助金にかかわる政策の方向性については、次の2点が顕著になってきています。

① コロナ禍の影響を受けた事業者の救済から、救済と成長する産業・事業者の支援という勝ち組、負け組を色分けした支援への移行……アフターコロナでは、もはやコロナ禍の影響を受けた事業者の救済がメインではなく、コロナ禍を生き抜いた事業者の成長支援を後押しすることがメインになります。

② 補助金がほしいなら賃金引上げへのコミットメントを求める。

補助金採択ノウハウのここだけの話

　経営革新等支援機関推進協議会には、補助金申請案件の事前審査という
サービスがあります。申請する前にどの程度採択の可能性があるかを採点
し、またどこをどのように見直すべきか助言するサービスです。これまで
1,700を超える会員の延べ数千件の補助金申請案件を審査し、それらが実際
に採択されたかどうかもトレースしていますので、どの補助金においても採
択に何が求められるかがわかる立場にあります。そこで、本書では補助金採
択の秘訣の一部をこっそりとお教えしましょう。

(1)　審査はどのように行われるのか

　補助金の審査では、1つの案件を2名から4名で審査することが一般的で
す（基本的には中小企業診断士や技術士という国家資格を有する専門家が審査委
員になります）。とはいえ、審査委員が自身の専門分野に係る案件を審査する
わけではなく、たとえばシステム開発の補助金審査において、ITやシステ
ムに詳しい専門家が審査委員として審査するとは限りません。審査委員に対
しては、彼らが専門性を有する事業分野にかかわらずランダムに案件が配布
されます。したがって、審査委員は素人と考えて計画作成したほうがよいと
いうことになります。

　また、同じ案件について、高評価を下した審査委員と厳しい評価を下した
審査委員が混在しているケースも少なくありません。こうしたムラをなくす
ために複数の専門家を関与させているのです。

(2)　採択の決め手は何か

①　事業計画書が読みやすいこと……審査事務局も審査員が素人だと思って
　事業計画書を記載してくれと言い続けています。つまり、審査員は基本的
　に申請する事業については素人であるという前提で記述をしなくてはなり
　ません。業界特有の専門用語を使う場合は、解説を入れたり、写真や図で
　説明したりする必要があります。また、文章は長くならないように、そし

て読みやすいように見出しなどを使うといいでしょう。

　事業計画書には、取組みにあたって何がしたいのかを理解させるための具体的な内容の記述が必要です。私はいままでたくさんの事業計画書をみてきましたが、残念ながら何がしたいのかがわかりにくい計画をよくみかけました。

　私が行う研修では、「高校生でもわかる内容＝事業のことはわからなくても、何がしたいのかがなんとなくわかる内容にすること」と話しています。申請を支援する立場のコンサルタントとしては、ほかの職員でも家族でもいいので、その事業についてあまり知らない人に読ませてみて、評価してもらうのもよい方法です。

②　審査項目をすべて押さえて記載すること……審査現場の事情を聞いたことがあります。補助金の審査が100点満点だとしたら、60点くらいのレベルにほとんどの案件が集中していて、本当にどんぐりの背比べの状態だそうです。

　補助金は審査項目が決められていて、それぞれの項目に点数が配賦されています。ということは、何か1つの項目で秀でていてもそこで配賦点数を超える点数を稼ぐことはできないわけです。すべての審査項目について点数を落とさないように計画を作成することが有効なのです。

(3)　点数を低める事業計画書の例

　採択、不採択の決め手は審査において点数が1点でも多くとれるかにかかっています。そこで、どんな内容の事業計画書が審査において点数を低めてしまうのか公開します（大きい黒丸は特に重要なポイントです）。

●事業計画書の整合性がとれていない（前半で記載されている内容と後半で記載されている内容が結びつかない）。例）前半に記載されているSWOT分析では、通販やECサイトでの消費が増加しておりチャンスとしながら、取り組む補助事業は来店型のモデルである。

●財務状況が芳しくない（債務超過の場合は改善の方向性を記載したほうがよい）。

- 競合他社との比較が具体的でない（市場調査不足と感じる）。
- だれに何をどのように売って、どこで儲けるのかがわかりにくい。
- 事業化の過程がわかりづらい。
- 何が差別化になっているのかわかりづらい。
- 革新性が不足している（既存の機械・設備でも実現可能なのではないかと思える）。
- 事例が多い投資内容（自社の独自性がほしい）。
- 通常の設備更新レベル。
- 設備能力に依存する面が大きく、革新性がない。
- 何をどのようにして生産効率を上げるかが不明。
- 定量的な表記が少ない。
- 導入機器の機能の説明のみで終わっている。
- 写真が少なく設備投資の内容がイメージしにくい。
- 設備投資による効果がわかりづらい。
- 専門用語が多いので理解しにくい（審査委員は本分野の専門家ではないので、素人でも理解できるように書いてほしい）。

⑷　オーバートークはいいけど、フィクションはダメ

　技術の高度化や生産性改善の成果がそこまで強く見込める設備投資でもないのに、革新性を強調するために期待される効果を事業計画書に過剰に記載するケースも見受けられます。これはよいことではありません。予想される最大の成果を計画に記載するのは問題ありませんが、フィクションともいえる補助金支援の専門家の文章だけが独り歩きしてしまい、そもそも経営者がそんなことできるはずがないと考える記述はNGです。

第**17**章

事業承継の新しいかたち

企業成長のゴールに待ち受ける自社株承継

　財務コンサルタントにとって、伴走支援する企業が潰れない会社づくりに邁進し、好業績を続け、内部留保を厚くすることが最終ゴールといえますが、実際にそのゴールに達したときに大きな問題が発生します。それは自社株式の承継の問題です。

　長期にわたり業績を伸ばし続けた会社は当然に自社株式の価値も逓増し続け、気がつけば10億円を超える自己資本額になっているケースがあります。自社株式の評価引下げ対策ではもはや追いつかない規模の自己資本になると、後継者への承継がむずかしいだけでなく、株式のオーナー自身の相続税の納税が問題になります。企業成長のゴールにたどり着いた経営者の頭を悩ませるのが事業の承継よりも、自社株式の相続税であったりするのです。

　そうならないように、早い段階から暦年贈与での株式の分散や持株会社設立による株式の評価引下げなどいろいろなコンサルティング手法が存在するのですが、それぞれにメリット、デメリットが存在します。本章では、自社株式が高額となった企業の承継に係るコンサルティング手法と、そうした企業が実際にどのような形態で承継を行っているのか、最近の傾向を紹介したいと思います。

暦年贈与で少しずつでも家族に分散する対策は慎重に

　会社の業績が向上し始めた段階で、手に負えない状態にならないうちに対策を講じておくことは賢明な方法だといえます。オーナーが暦年贈与で株式を配偶者や子供に分散している事例をよくみかけます。

　私は、自社株式はできる限り分散させないほうがよいという考えですので、暦年贈与で配偶者や子供たちに株式を分散させることは望ましくないと思います。もし分散するとしても議決権を経営者に集中するなど、会社の経営に支障が出ないような対策を講じるべきだとアドバイスします。

贈与税は累進税率ですから、相続税を納めるより贈与したほうが低い税率となる範囲の贈与額はそれほど大きな金額になりません。相続税負担を引き下げる対策としては、その効果が低いといわざるをえないと思います。

持株会社を設立して株価を下げる対策は慎重に

　相続人となる子供等が株式を保有する持株会社を設立し、その持株会社が経営者の保有する業績のよい会社の株式を買い取るという自社株対策があります。この場合、持株会社は金融機関から融資を受けて株式を買い取り、子会社となる会社からの配当金収入で借入れを返済することになります。

　株式を持株会社に譲渡する場合には譲渡代金の20.315％の税金を支払えばいいだけなので、相続税率より大幅に税率が低くなります。また、経営者の手元に株式の売却代金が残るので、それを引退後の生活資金に充てることができます。さらに、株価が上昇してもオーナーの財産がさらに増えることはありません。

　こうしたメリットを強調して、持株会社を使った事業承継の提案が金融機関からよく行われました。金融機関は金利収入と、そのスキーム提案に係るコンサルティングフィーを期待することができました。

　ところが、近年持株会社設立・株式譲渡といった一連の行為が否認されるケースも出てきています。相続税法64条は「同族会社等の行為又は計算で、これを容認した場合においてはその株主若しくは社員又はその親族その他これらの者と政令で定める特別の関係がある者の相続税又は贈与税の負担を不当に減少させる結果となると認められるものがあるときは、税務署長は、相続税又は贈与税についての更正又は決定に際し、その行為又は計算にかかわらず、その認めるところにより、課税価格を計算することができる」と定めています。つまり、持株会社を利用した節税は、不当に株式の金額を下げる行為だと判断され、税務署で否認されてしまうリスクがあるのです。

役員退職金を目一杯支給して株価を下げる

　自社株式の評価引下げ策については、経営者が退職する際に退職金を目一杯支給して株価を下げる策が一般的に検討されます。「目一杯」とは、会社が支給した退職金が損金とみなされる限度額ということです。役員退職金を算入限度額まで支給して赤字を計上し、会社の株価を下げてから後継者等に株式を譲渡する方策です。

　もっとも、高い業績をあげ続けている会社の場合、役員退職金の積立を目的として節税志向の生命保険をかけているケースが多く、その場合には保険の解約返戻金を退職金原資に充当するため、多額の退職金を払っても大きな赤字とならず、株価が期待するほど大きくは下がらないこともあります。

事業承継税制の特例措置の活用も慎重に

　2018年度の税制改正で事業承継税制の適用要件が大幅に緩和されました。事業承継税制とは、先代経営者が自社株式を後継者に贈与した場合または相続が発生した場合に、本来納めるべき贈与税または相続税の納税が猶予され、後継者が承継した株式を死ぬまで保有した場合、猶予されていた税金の支払が免除となるという税制優遇措置です。

　後継者に自社株式を贈与する場合に事業承継税制が適用されるためには、以下の要件が必要です。

① 　贈与する際には後継者を代表者とすること
② 　後継者に株式の3分の2以上を保有させること
③ 　先代経営者は代表者の座から降りること

　これらの要件は「株式の贈与に伴って経営の完全なバトンタッチ」を行うことを求めており、経営者の覚悟が問われます。また、後継者が生きている間は納税猶予期間であり、その期間内に猶予が取消となる事由も複数存在します。しっかりと取消事由を確認し、承継後の届出業務や監督業務をどのように行うのかを十分に検討しておく必要があります。

図表17-1 納税猶予が取消となる主な事由（贈与の場合）

	特例経営贈与承継期間	報告の内容
5年間	特例の有効期間内で贈与税申告期限の翌日以後5年経過日または先代経営者もしくは特例後継者の死亡日前日のいずれか早い日	毎年 ○報告書→都道府県へ ○届出書→税務署へ
	特例期間中の主な**納税猶予取消事由**（2カ月後に納付） ・特例後継者が代表でなくなる ・特例後継者と同族株主で50%以下の議決権となったとき ・筆頭株主でなくなった場合 ・特例対象株式を譲渡、贈与した場合◆ 　（経営悪化の場合は減免措置あり） ・資産管理会社に該当した場合◆ ・資本、準備金が減少した場合◆ ・贈与者が代表となった場合 ◆は特例期間後もずっと対象となる確定事由	

特例経営贈与承継期間経過後
死亡等により納税期限が確定するまで3年ごとに税務署に届出

出所：著者作成

投資ファンドを活用した事業承継

　投資ファンドとは、複数の投資家から資金を集めて運用して、その収益を投資家に分配する仕組みです。「投資信託」も投資ファンドの一形態です。また、ヘッジファンドやハゲタカファンドなど、企業にとって好ましくない存在という印象を与える投資ファンドもあります。

　投資家は会社へ出資する際に、対象企業へ直接資金を投入するのではなく、投資ファンドを通じて出資することがあります。その典型がLP出資です。LPとは「Limited Partnership（リミテッド・パートナーシップ）」の略称で、リミテッド・パートナーは投資ファンドが負った債務について出資した金額以上の責任を負うことがありません。

投資ファンドの活用というと、株式を上場する大企業のことというイメージをもつかもしれませんが、近年、非上場の中小企業においてもLP出資形態の投資ファンドを活用した事業承継が増えています。事例で解説しましょう。

【事例】

・株主：A社長、60歳（男性）、１名で100％保有
・会社の状況：売上げ20億円、経常利益３億円、自己資本10億円（自社株式の相続税評価額10億円）、無借金経営で今後も事業は拡大できる見込み
・株主の家族構成：A社長、長男、長女の３人家族。長男も長女も一般企業に就職しており、同社を引き継ぐ予定はなく、A社長にもその意向はない

　A社長は、自分が60歳になったことから40歳の取締役営業部長Bさんを次の経営者としたいと考えています。Bさんが求めるならば株式を譲ってあげてもいいと思っています。A社長から私に対し、どのように経営をバトンタッチするのがいいかという質問がありました。

私「事業承継に関しては次の３つの検討すべき課題があります。

①　自社株式の相続税の負担

②　自社株式のBさんへの承継の方法

③　自社株式の最終的な保有形態

　まず①自社株式の相続税の負担についてですが、自社株式は10億円の相続税評価とのことですから単純に自社株式だけが相続財産だと考えても4.5億円以上の納税が必要です。ちなみに生命保険は加入されていますか？」

A社長「会社で保険金２億円くらいの生命保険に入っている。個人では死亡保障はほとんど入ってないな……」

私「いまA社長に万が一のことがあれば、相続税のために4.5億円の現金を用意する必要があります。保険金で足りない分は、会社から退職金を出すかたちで納税資金を用意しないと、お子さまたちが困ることになりますね。いまの会社の業績が続くと、この負担も上昇していきます」

A社長 「なんかバカバカしくなってきたな。頑張って稼いで会社に内部留保を蓄積してきたけれど、結局相続税で半分はもっていかれてしまうということか」

私 「国もこうした相続税負担を軽減すべく、事業承継税制の特例措置を用意しました。後継者に株式を贈与（相続）しても、その納税が猶予されるというものです。後継者が過半数の株式を保有し、会社の代表者となること等が要件です。

　　さらに次の後継者に株式を引く継ぐことで納税猶予を継続できますが、納税猶予の途中で株式を売却すると猶予が取消しになり、すぐに納税しなくてはいけなくなります。また、推定相続人である家族との間で遺留分について法的に合意しておく必要があります。利用のハードルはそれなりに高く、活用が進んでいるとはいえません」

A社長 「それではB部長に株を買ってもらうしかないか……」

私 「貴社の株式は1株でも相当高額です。一方、B部長は自分が代表者となる際には過半数の株式を保有したいというでしょう。仮に相続税評価で過半数の株式の売却代金を決めると、B部長は5億円超の現金を用意することになります。

　　この場合、B部長個人が会社の株式を担保にして金融機関から借入れをすることで代金を調達するケースが多いですが、その返済はB部長個人が行うので、会社からもらう役員報酬で返済していくことになります。その場合の税負担や会社の財務に与える影響からすると、おすすめできる方法とはいえません」

A社長 「では、八方塞がりってことか……」

私 「近年では貴社のように自社株式がきわめて高額となり、今後もさらに株式価値が増加する会社の自社株式承継対策として、投資ファンドを活用したスキームが増えています。その投資ファンドはPEファンドといって、そのなかでも事業承継においてはバイアウトファンドの活用が目立ってきています」

PEファンド（バイアウトファンド）を活用した事業承継の仕組み

上記の事例のように現株主＝経営者から会社の従業員が株式を買い取るかたちの事業承継を、MBO（マネジメントバイアウト）といいます。しかし、経営をバトンタッチする従業員に株式を買い取る資金がない場合、PEファンドに会社のオーナーになってもらうことが考えられます。

PEファンド（バイアウトファンド）は、事業承継を考えているオーナーから会社の株式を買い取ります。その後、その会社の企業価値を高めたうえで会社を売却することで、売却益を得ることを目指します。PEファンドに株式を譲渡しても、すぐに代表者が交代するようなケースはほとんどなく、代表者はそのまま経営を継続し、ファンドと組んでさらなる成長を目指すことになります。

MBOのケースに限らず、M&Aで第三者に株式を売却しようと考えても、すぐに自社にあった売却先が見つかるとは限りません。それなら、PEファンドにいったん株式を渡して、PEファンドと一緒にさらに企業価値を高め、株価を向上させ、最適な売却先を探す時間を稼いだほうが得策です。こうした経営者のニーズにマッチすることから、PEファンド活用スキームが増えてきました。

中小企業の事業承継で活躍するPEファンドとは

PEファンドとは、プライベートエクイティ、すなわち未公開株式（非上場企業の株式）に投資するファンドの総称です（図表17－2）。PEファンドには、次のようにいろいろな種類があります。

(1) ベンチャーキャピタル

ベンチャーキャピタルとは、スタートアップと呼ばれるベンチャー企業に投資するPEファンドのことです。高い成長が見込まれるものの、事業の実

図表17－2　PEファンドの仕組み

| 機関投資家
・生命保険会社
・年金機構
・農林中金
・銀行、信用金庫 | ▶ | 機関投資家から資金を預かり、ファンドをつくります。その資金で投資を行います。
投資ファンド | ◀ | ファンド運営会社
ヒト・モノ・カネのリソースを追加投資し、事業価値を最大化します。 |

投資先Ａ社　投資先Ｂ社　投資先Ｃ社

PEファンド運営会社が投資先の選定、
投資実行、管理、売却を行います

出所：著者作成

績が乏しく金融機関の融資がむずかしい新興企業に対して資金を提供します。投資先が順調に成長すれば大きなリターンを得る可能性があり、ハイリスク・ハイリターンのファンドといえます。

(2)　バイアウトファンド

バイアウトファンドとは、成長期から成熟期の非上場企業に投資する投資ファンドを指します。過半数の議決権（株式）を取得して投資先の経営に関与し、企業価値を向上させたのち保有する株式を売却することによってリターンを得て、投資家に利益を還元します。バイアウトとは、会社を買収することを意味します。

(3)　企業再生ファンド

企業再生ファンドとは、経営が厳しくなった企業に出資し、財務の改善ならびに企業価値を高めること（再生）を目指すファンドを指します。「中小企業再生ファンド」は、民間の投資会社、地域金融機関、事業会社等および中小企業基盤整備機構などが出資して組成するファンドです。支援先である中小企業の再生が順調に進んだ後、企業の債権などを売却することにより、一定の利益を得ることを目的としています。

だれがファンドに出資しているのか

　PEファンドは、機関投資家と呼ばれる金融機関や事業会社等からLP出資を募ります。金融機関といっても投資を専門に行う金融機関ではなく、メガバンクや地方銀行などもLP出資をしています。

　地域金融機関によるPEファンドへの出資比率をみると、ベンチャーキャピタルでは約7割のファンドにおいて10％未満ですが、バイアウトファンドでは約7割のファンドにおいて10％以上であり、バイアウトファンドへの出資比率が比較的高くなっています（図表17−3）。

PEファンドを活用するメリットとデメリット

　事業承継において、PEファンドを活用するメリットとデメリットをまとめてみます。

［メリット1］　自社株式の相続税対策

　PEファンドに株式を譲渡する場合、A社長の会社のような成長性があり、多くの内部留保がある会社の株式の買取価額はかなり高い金額となります。最近ではPEファンドバブルといわれるくらいPEファンドの買取価額が高く、中小企業であっても50億円から100億円の値段が付く案件も少なくありません。

［メリット2］　経営基盤を強化できる

　PEファンドが資本参加すると、ファンド側から役員として複数名が参加することが一般的です。会社組織の運営を任せられる人材が増加しますので、経営基盤の強化を図ることができます。中小企業はオーナー依存型の経営によって成長した企業も多いといえますが、こうしたワンマン経営から脱却してしっかりした管理体制を構築することは、PEファンドの得意分野といわれています。

［メリット3］　資金調達に不安がなくなる

　PEファンドは、大規模な資本力を活かして、事業成長に必要な資金を調

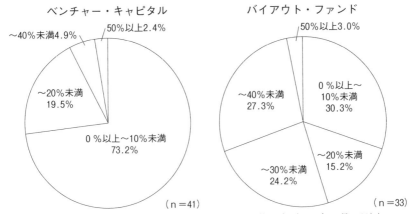

図表17-3　LP出資額のうち地域金融機関による出資が占める割合

ベンチャー・キャピタル

~40%未満4.9%
50%以上2.4%
~20%未満 19.5%
0％以上~10%未満 73.2%

（n=41）

バイアウト・ファンド

50%以上3.0%
0％以上~10%未満 30.3%
~40%未満 27.3%
~20%未満 15.2%
~30%未満 24.2%

（n=33）

出所：中小企業庁「PEファンド等による投資に関する実態調査（2022年6月6日）」

達してくれます。経営者自ら資金調達のために金融機関と交渉する必要はな
くなりますし、もちろん個人保証も不要となります。

［メリット4］　人材確保

　PEファンドは多様な業種にまたがる複数の企業に投資していますので、
事業拡大に必要な人材を確保しやすい立場にあります。また、多様な専門家
と連携しているので、必要な人材を派遣してもらい、事業化のスピードアッ
プを図るなど効率的な人材確保ができます。

［メリット5］　最適なゴールの設定

　PEファンドは3～7年で取得した株式を売却します。これをEXIT（エグ
ジット）と呼んでいます。EXITにあたっては、適切なタイミングを判断し
（会社の規模、持続的に成長できるビジネスモデルの確立など）、適切な手法（IPO
（株式上場）、大手の事業会社への株式譲渡など）を選択していくことになりま
す。ファンドには豊富なM&Aの経験があるので、リスクを最小限に抑えて
M&Aを進められます。

　デメリットについても触れておきます。

［デメリット1］　すぐに辞められないケースも多い

　PEファンドに株式を売却しても、EXITするまでは経営者として残ってほ

しいといわれることが一般的です。もちろん即時退任意向も受け入れるケースもありますが、多くの場合、ファンドから参画する経営陣が主体的に成長をけん引することはできないのが実情ですから、経営者としての責任から逃れられるとは限りません。

［デメリット２］　利害や意見が対立することもある

　特にバイアウトファンドは過半数の議決権を取得するのが一般的であり、その場合にはファンドに経営権が移ります。経営者が会社にとって不利益な行為をした場合や、成長に向けてまったく協力しない場合は、経営者に退任を要求するケースもないわけではありません。

［デメリット３］　評判が悪くなることがある

　PEファンドと資本提携したことが社内外に知られると、取引先の間でよくない風評が流れたり、従業員のモチベーションが下がったりする可能性もあります。なぜファンドと組んだのか、何を目指すのかを丁寧に説明することが賢明です。

事 項 索 引

中小企業経営支援原論

2023年9月1日　第1刷発行

　　　　　　　　　　　　著　者　小　寺　弘　泰
　　　　　　　　　　　　発行者　加　藤　一　浩

　〒160-8519　東京都新宿区南元町19
　発　行　所　一般社団法人 金融財政事情研究会
　　出 版 部　TEL 03(3355)2251　FAX 03(3357)7416
　　販売受付　TEL 03(3358)2891　FAX 03(3358)0037
　　　　　　　URL https://www.kinzai.jp/

　　　　　　　校正：株式会社友人社／印刷：三松堂株式会社

　　　　　　　　　　　　　　　　　　ISBN978-4-322-14372-0